論理思考を鍛える
英文ライティング

富岡龍明 著
英文校閲　ロバート・ノリス

研究社

はしがき

　この本はひとつの重要な前提の上に成り立っています。その前提とは、「日本人学習者が英語で物事を書き表そうとする場合、必ず何らかの形で母国語である日本語の影響を受けている。その結果、多かれ少なかれ英文としては不明瞭で不適切な日本語的英語になってしまう」というものです。そこで、「※**日本人学習者の書く英文を不明瞭で不適切なものにする日本語的要素とはどのようなものだろうか**」ということが、この本の大きな関心事となったわけです。結論から言うと、この本は英語ライティングの能力を高めるための演習書であって、同時に、英語の視点から見た場合の日本語の特徴について述べた書物でもあります。

　筆者がこれまで日本人学生に英語ライティングの指導をしてきた経験から言えるのは、われわれ日本人が英語を書く場合、母国語である日本語とはどういう言語かということをよりよく認識して、日本語のどういう要素が適切な英文を書く上で障害になるかを理解していると、その障害を未然に回避して、より適切な英文を書くことが可能になる、ということです。ここには、英語一辺倒的な考え方にありがちな、英語習得のためには母国語である日本語は邪魔である、という考えをむしろ逆転して、日本語に関する知識を英語習得のために積極的に活用する、という視点があります。

　本書は、一見すると伝統的な「和文英訳演習書」に見えるかもしれません。しかし、中身を見ていただくとわかりますが、※**問題文である日本文を疑ってかかるところから始めている点が本書の最大の特徴**であり、その点で本書は従来の英作文演習書とは大きく異なっています。いま、日本文を疑ってかかると言いましたが、それはあくまで、適切な英文を書く、という視点からの作業になります。これはどういうことかというと、問題文として与えられている日本文は日本語の文章としてはごく自然で特に問題はないと感じられるものが多いはずです。しかし、日本語として自然で適切な表現のあり方が、英語的視点からはそうではないことが非常に多いとい

う言語事実が重要なのです。その言語事実を読者の方々によりよく理解していただきたい、という願いから、与えられた日本文の批判・修正作業を出発点にする、という手法をとったわけです。

　一方で、英語ライティングの実力を高める、と言う時、本書のねらいは端的に言えば、＊どうすれば simple and clear English が書けるか、ということです。日本語と英語では、それぞれ言葉に対する価値観が異なると言っても過言ではありません。本書が具体的に表したいと考えている simple and clear English とは、突き詰めて言えば、この地球上のどこかに住んでいる、日本語、日本文化についてまったく知識のない未知の外国人でも一読して理解できるような平明な英語、ということです。それがどのようなものなのかについては、本書を通じて理解していただきたい、というのが筆者の願いです。

　本書を活用することで、英語と日本語に関しての認識が深まり、よりよい英文が書けるようになることを願ってやみません。

　最後になりましたが、本書を執筆するにあたり、すべての英文を丹念に見てくださり有益なコメントをいただいた福岡国際大学のロバート・ノリス助教授に心から感謝いたします。また、資料提供の面で協力していただいた、筆者が非常勤で教えている九州大学の学生諸君にも感謝の意を表します。研究社の杉本義則氏には本書の立ち上げの段階から刊行に至るまですべての面で多大なご協力をいただきました。この場を借りて改めてお礼申し上げます。

　　　2003 年 9 月吉日

　　　　　　　　　　　　　　　　　　　　　　　　富　岡　龍　明

CONTENTS

はしがき .... *iii*
本書の構成について .... *vii*

Chapter 1　論理の飛躍 *1*
Chapter 2　類似表現のくり返し *10*
Chapter 3　賛成、反対を明確に *18*
Chapter 4　脈絡のない話題の転換 *27*
Chapter 5　非論理的な二者択一 *37*
Chapter 6　かみ合わない議論 *46*
Chapter 7　説明不足による説得力の弱さ *62*
Chapter 8　言葉の意味のあいまいさ *71*
Chapter 9　結論は先に書く *80*
Chapter 10　主張は主張しぬく *89*
Chapter 11　現実を指すのか、指さないのか *98*
Chapter 12　評価は具体的・分析的に *106*
Chapter 13　まわりくどい表現 *114*
Chapter 14　英語になじまない謙遜表現 *123*
Chapter 15　紋切り型のスピーチ *134*
Chapter 16　前置きとしての挨拶言葉 *146*
Chapter 17　語尾をぼかす日本語 *155*
Chapter 18　日本語は状況に依存する──語彙について *164*
Chapter 19　日本語は状況に依存する──文構造について *173*
Chapter 20　擬声語・擬音語をどうするか *183*

Chapter 21　間接指示を好む日本語 ･･････････････････････ *191*
Chapter 22　同じ名詞や動詞のくり返し ･･･････････････ *199*
Chapter 23　「なる」の多用 ･････････････････････････････ *209*

索　引 ･･ *217*

本書の構成について

　全体で 23 章から成り、各章、例題（EXAMPLE）2 題と練習問題（EXERCISE）1 題から成っています。

EXAMPLE の構成：

1) **日本文の例題提示**――この例題には論理性の問題など、言語表現上の一般的問題点や、対応する英文を考える上で問題となりそうな日本語特有の要素が含まれています。
2) **コメント**――例題の日本文に関する批評、論評の部分です。ここでは主として文章の論理構造、全体の構成の問題点などについて説明しています。
3) **修正文**――例題の日本文から、言語表現上の一般的問題点や対応する英文を考える上で問題となりそうな日本語特有の要素を除去した、英訳する視点からは'理想的'な日本文です。
4) **添削を要する英訳例**――この英文は、中級レベルの日本人学習者（高等学校卒業もしくは大学の 1，2 年生程度で英語の基礎を習得しているレベルの学習者）が書く程度に設定してあります。
5) **GENERAL COMMENTS**――'添削を要する英訳例' についての総評です。
6) **SPECIFIC COMMENTS**――ここは 'Grammar & Usage' と 'Style & Speech Level' から成ります。'Grammar & Usage' では '添削を要する英訳例' に関して文法・語法上の問題点を指摘し（'英訳例' の下線部分）、修正します。'Style & Speech Level' では、主として文体上の問題点（文法的には可だが、表現として簡潔かどうか、状況にふさわしい表現かどうか等）を指摘し（'英訳例'のアミがかかっている箇所）、修正します。
7) **MODEL ANSWERS**――'GENERAL COMMENTS', 'SPECIFIC

COMMENTS' を踏まえて simple and clear English という観点から、2つの模範英文を提示します。

EXERCISE の構成：
1) **日本文の練習問題提示**——この練習問題には論理性の問題など、言語表現上の一般的問題点や、対応する英文を考える上で問題となりそうな日本語特有の要素が含まれています。読者はそれらの問題点を指摘し、かつ修正した上で、自ら修正した日本文を英訳することを求められます。
2) **MODEL ANSWERS**——練習問題に含まれる表現上の問題点を指摘、解説します。その後、'修正文'(一例)を示し、その修正文の英訳例を2例示します。

本書を利用していただく上での便宜を図るため、巻末に索引をつけました。索引は1)術語索引、2)英作文のための資料索引、の2種類です。1)は本文中の解説の部分で使われている術語・用語に関するものです。2)は和英辞書的性格を持つもので、本書の EXAMPLE と EXERCISE で使われている日本語表現を見出しとして採録していますので、この見出しから本編に入って、当該日本語にあたる英語表現を探すことができます。

本書は、一応「和文英訳演習書」の体裁はとっていますが、内容的に見ると、和文英訳演習テキストとしても、またいわゆる自由英作文演習テキストとしても活用できるように編纂されていることがご理解いただけると思います。自学自習用テキストとして、また教室用テキストとして広くご利用いただければ幸いです。

〈略語と記号について〉
- S + V, S + P などの、S は「主語」(Subject)、V は「動詞」(Verb)、P は「述部」(Predicate) の略語です。
- [ ] 内の語(句)は、前の語(句)と入れ換え可能なことを示します。

  例： I'm opposed to that [it].

  = I'm opposed to that. / I'm opposed to it.

Chapter 1 論理の飛躍

　ある文章が論理的 (logical) だ、と言うとき、それはその文章の中の個々の主張、陳述、記述などの関係、接続のあり方が理にかなっていて、十分納得できるものであるということを意味する。※一般的に、論理というものは、単一の表現の中にではなく、文章中の要素(文や節など)のそれぞれのつながり、関係の仕方の中にはっきり現れる。たとえば、「日本は法治国家である」という文を見ると、それだけでは論理の問題は認識できないが、「日本は法治国家である。それゆえ私刑などは認められない」というふうに文のつながりが見られる時、その連結のあり方の妥当性、整合性というものがはじめて認識の対象になる。一般的に、論理的な文章は読者に、議論が無理なく、整合性を持って積み重ねられているという印象を与える。

　一方において、文章の論理性は、その中の個々の要素の関係、接続のあり方に合理的な理解を阻む何かがある時、破たんを呈する。たとえば、「日本は法治国家である。それゆえ私刑は認められる」という文章を見れば、2つの文の接続の異常さ、妥当性のなさがはっきりわかるであろう。

　このように、※論理性というのは突き詰めて言えば、文章の中の要素間の関係のあり方と言うことができる。CHAPTER 1 では、「論理の破たん」のひとつの例として、「論理の飛躍」という現象を検討することにする。

EXAMPLE 1

①現代ではインターネットなどの遠隔通信技術の発達・普及によって、より多くの日本人が、英語の実際的な運用能力を身につけることが必要になってきている。②したがって、日本人は人生のなるべく早い段階から、理想的には就学前から生きた英語にふれる必要があると考える。

コメント

この日本文は、①前提（premise）、ゆえに②結論（conclusion）、という論証（reasoning）の構造になっている。※論証においては、前提と結論が、距離がありすぎず、有機的に結びついて説得力を持つかどうかが重要だが、この日本文ではその点が疑問である。「英語の実際的な運用能力を身につけることが必要になってきている」ということだが、だからといってなぜ「人生のなるべく早い段階から、理想的には就学前から生きた英語にふれる」必要があるのか、なぜ、たとえば中学生からではいけないのか、その両者の接続のあり方に論理的必然性が強く感じられないのである（この日本文の場合、「英語の実際的な運用能力の育成は幼い子供の時からでなくてはならない」という隠れた前提がある、と考えられるが、たとえそうであってもこのままでは説得力に欠けた論旨展開である）。ここで、①の前提をそのままにするとすれば、結論を以下のように変えることで、全体を論理的構造にすることができる。

修正文

①現代ではインターネットなどの遠隔通信技術の発達・普及によって、より多くの日本人が、英語の実際的な運用能力を身につけることが必要になってきている。②したがって、日本の英語教育はもっと英語によるコミュニケーション能力の養成に重点を置く必要がある。

CHAPTER 1　論理の飛躍

添削を要する英訳例

①These days, telecommunication technologies such as the Internet have been developed and have been commonly used, and it is necessary for more Japanese to have a good command of English. ②It is why English teachers [educators] in Japan should put more emphasis on developing their student's ability of communication in English.

GENERAL COMMENTS

文の照応関係(前後の係り受け)を明示する指示代名詞の用法に問題がある。また、文体的には無生物主語構文を効果的に使いきれていないための冗長さが見られる。

SPECIFIC COMMENTS

Grammar & Usage

② It is why ➡ This is why

※英語では前の文全体、もしくはその内容を受ける時は this や that を用いるのが普通。それに対して前文の中の語句、単語などは it で受けるのが一般的。

② their student's ability of communication in English ➡ their students' ability to communicate in English

　まず、ここでは学生は常識的に考えてひとりではなく複数ととらえるのが適切。また、「英語でのコミュニケーション能力」は「英語で意志を通じ合う能力」と考えて ability to communicate in English とする。ability は、たとえば「音楽の才能」のように、名詞句と結びつく時は ability in [at] music のように表す。

Style & Speech Level

① These days, telecommunication technologies such as the Internet have been developed and have been commonly used, and it is necessary for more Japanese to have a good command of English.

➡ These days, the development and widespread use of telecommunication technologies such as the Internet are making it necessary for more Japanese to have (a) good command of English.

英語では make, enable, allow, show, help 等の動詞を適切に使っていわゆる無生物主語構文を作ることができる。※**無生物主語構文はダラダラ感の少ない、引き締まった文体を作る上で効果がある。**

MODEL ANSWERS

1. These days, the development and widespread use of telecommunication technologies such as the Internet are making it necessary for more Japanese to have (a) good command of English [have a working knowledge of English]. This is why English teachers [educators] in Japan should put more emphasis on developing their students' ability to communicate in English.

2. The development and common use of telecommunication technologies such as the Internet are making it increasingly necessary for Japanese (people) to be able to use English in their everyday lives. So English teaching in Japan should place more emphasis on developing the students' communicative skills.

EXAMPLE 2

①ある大学の英語専攻学科の学生 50 人を対象にある調査を実施したところ、以下の結果が判明した。②大学のコンピュータ演習室で英語の CD-ROM を使って 4 月から 7 月まで週 2 時間以上、自発的に自習した学生は、まったく自習しなかった学生に比べて平均で 40 ポイント、8 月実施の TOEIC の得点が良かった。③このことによって、コンピュータを使っての CD-ROM 教材学習は英語学習に有効であることが明らかとなった。

CHAPTER 1　論理の飛躍

コメント

　これは、学術調査結果報告で、コンピュータを使用して英語教材をある一定期間自習した学生がそれをしなかった学生よりも英語試験の結果が良かったとする内容である。ある一定条件の下における英語学習と英語の試験結果の向上とのあいだに相関性がある、とする所見であるが、① と ② の状況の説明から、③ の結論付けはやや性急な感をまぬがれない。「大学のコンピュータ演習室で英語の CD-ROM を使って4月から7月まで週2時間以上、自発的に自習した学生は、まったく自習しなかった学生に比べて平均で 40 ポイント、8月実施の TOEIC の得点が良かった」ということだが、はたして、TOEIC のポイントが上がったのは、コンピュータを使っての CD-ROM の自習だけが、その要因であると断定できるであろうか。この場合そのような自習をした学生は自発的に自習に取り組んだということだが、一般的に、自ら進んで自習する学生は、そうでない学生よりも学習意欲が高く、また学習時間も長い、と考えられる。そうであるとすれば、積極的に自習するほどの学生ならば、大学のコンピュータを使っての CD-ROM の自習以外にも、他のやり方で(たとえば英会話学校に通うとか、BS ニュースを毎日英語で聞いて学習するとか)自分なりの英語学習を実施している可能性があるであろう。この調査結果はそのような可能性の調査を踏まえたものではない以上、③ の結論は性急に過ぎるというべきである。以下に、控えめな結語になるよう書き改めた ③ を加えた修正文を示してみる。

修正文

　①ある大学の英語専攻学科の学生 50 人を対象にある調査を実施したところ、以下の結果が判明した。②大学のコンピュータ演習室で英語の CD-ROM を使って4月から7月まで週2時間以上、自発的に自習した学生は、まったく自習しなかった学生に比べて平均で 40 ポイント、8月実施の TOEIC の得点が良かった。③現段階では性急な結論はさしひかえるが、今回の調査結果は、コンピュータを援用しての英語学習において、CD-ROM 教材の活用がある程度の有効性を持ちうる可能性

があることを示唆していると考えられる。④今後さらに詳しい調査を実施する予定である。

添削を要する英訳例

①The following are the findings of a research conducted on 50 students who major in English at a certain university. ②Of the 50 students, those who had voluntarily studied English using CD-ROMs more than two hours per week from April to July in the PC room outperformed those who hadn't voluntarily studied at all by 40 points on the average in TOEIC in August. ③We should not make a hasty conclusion from these results, but one possible interpretation of them is that using CD-ROMs can be effective to some extent in computer-assisted English learning. ④We are planning to make a further study in the near future.

GENERAL COMMENTS

不必要な要素を省略することが効果的に実施できていない感がある。

SPECIFIC COMMENTS

Ⓖrammar & Ⓤsage

① a research ➡ a survey [study]
　　通例 research は非可算名詞扱い (do some research のように使う)。

② those who hadn't voluntarily studied at all ➡ those who hadn't
　　この部分は前出の (those who) had voluntarily studied English using CD-ROMs more than two hours per week from April to July in the PC room に対応するところで、要するにその否定であるわけだから、同一表現のくり返しを避けるために、既出部分である voluntarily 以下はすべて省略する必要がある。

③ using CD-ROMs can be effective to some extent in computer-assisted English learning ➡ using CD-ROMs in computer-assisted English

CHAPTER 1　論理の飛躍

learning can be effective to some extent
　意味のまとまりという観点から言うと using CD-ROMs in computer-assisted English learning をひとつのユニットとしてとらえるべきである。

❺tyle & ❺peech ❶evel

① 50 students who major in English ➡ 50 students of English
　前置詞 of は「〜専攻」の意味があるので、ここではわざわざ関係詞を用いて表す必要はない。例：a student of physics（物理専攻の学生）

③ one possible interpretation of them ➡ one possible interpretation
　ここでは前出の these results があるため、'何に関しての' ひとつの解釈かは文脈上明白である。したがって of them は蛇足であり、省略することで簡潔になる。

MODEL ANSWERS

1　The following are the findings of a survey conducted on 50 students of English at a certain university. Of the 50 students, those who had voluntarily studied English using CD-ROMs more than two hours per week from April to July in the PC room outperformed those who hadn't by an average of 40 points on TOEIC scores in August. We should not make a hasty conclusion from these results, but one possible interpretation is that using CD-ROMs in computer-assisted English learning can be effective to some extent. We are planning to make a further study in the near future.

2　A study showed the following results about [concerning] 50 students of English in a certain college. Of the 50 students, some voluntarily spent more than two hours every week from April to July studying English using CD-ROMs in the PC room. The TOEIC scores they got in August were on the average 40 points higher than those of the other students, who didn't do the PC-based study. It is too early to make a conclusion, but it seems possible that PC-based English study with the help of CD-ROMs can be meaningful. We intend to carry out a more detailed survey in the future.

EXERCISE

次の日本文に関して以下の (1)〜(3) の設問に答えなさい。

> ①日本は世界の平和秩序維持への貢献ということではそれなりの役割分担をすべきであり、それはアメリカのテロとの戦いという図式の中で軍事行動の一翼をになうという形を必ずしもとる必要はないのです。②もっと平和的な手段での日本の貢献が可能だと思います。③それゆえ私は日本政府がアフガン難民5万人の受け入れを速やかに決定すべきだと思うのです。

(1) '論理の飛躍' と判断できる箇所を指摘しなさい(同時に判断の根拠を述べなさい)。
(2) その箇所を論理的になるように修正しなさい。
(3) その上で、全文を英語に直しなさい。

MODEL ANSWERS

(1) ③(判断の根拠： ②で、平和的な手段での日本の国際貢献の必要性が示唆されていて、③でその実践のあり方としてアフガン難民の受け入れを提唱している、という論旨の流れだが、5万という数字がいかにも唐突に感じられる。平和的国際貢献のひとつの形としてのアフガン難民受け入れは理解できるにしても、なぜそれが5万人なのかという論拠が何ら示されてないので、②と③の接続のあり方が非論理的に響く)

(2) ③の修正文(一例)： たとえば、日本政府としてはアフガン難民受け入れを真剣に検討すべきではないかと考えます。

CHAPTER 1　論理の飛躍

> **修正文**
>
> ①日本は世界の平和秩序維持への貢献ということではそれなりの役割分担をすべきであり、それはアメリカのテロとの戦いという図式の中で軍事行動の一翼をになうという形を必ずしもとる必要はないのです。②もっと平和的な手段での日本の貢献が可能だと思います。③たとえば、日本政府としてはアフガン難民受け入れを真剣に検討すべきではないかと考えます。

(3)

1　Japan should contribute in its own way to helping to keep world peace and order. This [It] doesn't necessarily mean that Japan should offer military help to the United States in its fight against terrorism. I believe Japan will be able to make a peaceful contribution. For example, the Japanese government should seriously consider accepting Afghan refugees.

2　Japan should be independent in deciding what it should do to help keep international peace and order. It doesn't necessarily follow that Japan should go hand in hand with the United States in its military actions against terrorists. I think Japan will be able to contribute in some peaceful ways. For instance, the Japanese government should seriously consider the intake of Afghan refugees.

Chapter 2
類似表現のくり返し

　※同一もしくは類似表現のくり返しによる言語的無駄を冗語（tautology）と言う。たとえば、日本語では、「何年生まれで現在満何歳」などの表現はごく一般的だが、表現効率から言えば、生誕年か現在の年齢かどちらか一方だけの表現でも別に支障はないはずである。同じように、「私は1998年以来現在に至るまで5年間英語の勉強に励んできました」などのように言うが、現在を表現の基点とする場合、「1998年以来」か「これまで5年間」のどちらかで十分なはずである。ここに挙げた2つの日本語表現の冗語性は、それらを英訳した時に、たとえばネイティブスピーカーから冗長であると指摘されてはじめてそのことに気付くことが多いものである。修辞的な観点からは、同一もしくは類似表現のくり返しがかえって効果を生む場合もあるが、一般的には冗語は非生産的なので避けるように心がけるべきである。このCHAPTERでは冗語的要素を削除する演習を行う。

EXAMPLE 1

　①日本は国も企業も、そして一般の庶民も環境問題に対する認識がまだまだ低いと思う。②国全体がもっと環境問題を切実に認識する必要があるのではないか。③一般庶民レベルで言うと、たとえば、近くに行く時はなるべく車の使用を控えるとか、テレビを見る時間を減らすとか、身近な事柄で「環境にやさしい」という理念を実践することが重要だろう。

CHAPTER 2　類似表現のくり返し

コメント

　この日本文の①と②は「A（前提）、ゆえにB（結論）」の論理構造を持つと考えられる。しかしここでの問題点は、CHAPTER 1で扱った「論理の飛躍」とは逆の「論理の循環」とでも言えるような冗語的構造（tautology）になっている点である。CHAPTER 1で示したように、論証においては、前提（premise）と結論（conclusion）が、距離がありすぎず、有機的に結びついて説得力を持つかどうかが重要で、要は前提から結論への'歩幅'のとりかたの問題である。CHAPTER 1の例題のように、歩幅が大きすぎれば、飛躍（leap）となり、説得力を失う結果になるが、逆にここでの日本文のように、※前提と結論がほぼ同じ内容ならば、歩幅は極小となり、議論の生産性はほぼゼロとなってしまう。意味内容から言って、ここでの②（結論）は①（前提）の単なる裏返しに過ぎない。ここではたとえば②を以下のように改めれば結論としての生産性は上がるであろう。

修正文

　①日本は国も企業も、そして一般の庶民も環境問題に対する認識がまだまだ低いと思う。②国全体が環境問題をこれ以上悪化させないために今何をすべきかをもっと真剣に考え、できる事柄は即実行することが重要である。③一般庶民レベルで言うと、たとえば、近くに行く時はなるべく車の使用を控えるとか、テレビを見る時間を減らすとか、身近な事柄で「環境にやさしい」という理念を実践することが重要だろう。

添削を要する英訳例

　① The government, corporations, and people in Japan do not seem fully aware of environmental problems. ② It is very important that the whole nation should think about what to do to prevent the problems from getting worse more seriously and then immediately carry out what they can do. ③ At the common people's level, they should be eco-friendly by doing familiar things, such as trying to use cars less often when going somewhere nearby, or watching TV less.

GENERAL COMMENTS

日本語の構造に引きずられた直訳的誤りが見られる。さらに、用語の誤った選択、文体の冗漫さも指摘することができる。

SPECIFIC COMMENTS

Grammar & Usage

① environmental problems ➡ the environmental problems they face [facing them]

　原文では「環境問題」とだけあって非限定的で、抽象的に響くが、ここでは今現在直面しているものとして、具体的な制限を加える必要がある。

② getting worse more seriously

　ここで、more seriously はこの位置だと getting worse を修飾することになるので、think more seriously about のように think と about のあいだに置く必要がある。※一般に修飾語句は被修飾語句にできるだけ近いところに置くようにする。

③ At the common people's level, they should be eco-friendly by doing familiar things ➡ The general public should be eco-friendly by doing familiar things

　At ... level は日本語からの直訳的な印象がある。また common people と言うと、noble people (貴族) に対する「平民」といったニュアンスがあり、好ましくない。

Style & Speech Level

① do not seem fully aware of ➡ are not fully aware of

　原文が「思う」とあるので、断定を避ける手段として seem を使用したのであろうが、ここでは be 動詞で明快に表す方がよい。

② It is very important that the whole nation should think about what to do to prevent the problems from getting worse more seriously and then immediately carry out what they can do. ➡ What is crucial is for the whole nation to think more seriously about what to do to prevent the problems from getting worse, and then immediately carry out what they can do.

元のままでも別に不自然な英文ではないが、that 節の使用がやや冗長に響くので、that 節を使わない構文を考えてみる。

MODEL ANSWERS

1. The government, corporations, and people in Japan are not fully aware of the environmental problems they face [facing them]. What is crucial is for the whole nation to think more seriously about what to do to prevent the problems from getting worse, and then immediately carry out what they can do. The general public should be eco-friendly by changing things in everyday life, such as trying to use cars less often when going somewhere nearby, or watching TV less.

2. Neither the government nor corporations nor the people in Japan have fully recognized how serious the environmental pollution is becoming. The whole country should give serious consideration to how to stop aggravating it, and people should lose no time doing whatever they can do. To be environmentally-friendly, the general public should start by doing things close to them, such as trying not to use cars when they go to places nearby, or watching TV less often.

EXAMPLE 2

①日本社会は近年高齢化が急速に進み、かつ少子化が著しい。②こういった状況が続けば、労働生産性は低下の一途をたどるであろう。③このままでは労働生産性の低い国になってしまう。④政府は、なんとかして女性が子供を産むことを奨励する手だてが必要だ。⑤子供の養育費を国民の共通負担とするなども考慮すべきではないか。

コメント

この文では①と②が「A、ゆえにB」の構造を持つが、結論としての②とそれに続く③はほぼ同じ内容であり、議論の積み重ねになっておらず、冗語的 (tautological) な構造である。③を以下のように (修正文の②の後半のように)、もう少し違った内容にすれば議論の生産性は上がるであろう。

修正文

①日本社会は近年高齢化が急速に進み、かつ少子化が著しい。②こういった状況が続けば、労働生産性は低下の一途をたどり、日本はやがて崩壊するであろう。③政府は、なんとかして女性が子供を産むことを奨励する手だてが必要だ。④子供の養育費を国民の共通負担とするなども考慮すべきではないか。

添削を要する英訳例

① In recent years, Japanese society has been rapidly aging and the children have been rapidly decreasing. ② If such a situation continues in this way, labor productivity will continue to decline, and Japan will collapse in the end. ③ It is high time to think up the way to encourage women to have a child. ④ The government should consider, for example, each member of the country mutually paying some money for raising children.

GENERAL COMMENTS

文法・語法の基本的誤りが見られる。特に英語の数 (number) の概念についての理解が足りない。

SPECIFIC COMMENTS

Grammar & Usage

① the children have been rapidly decreasing ➡ the number of children has been rapidly decreasing

英語の decrease, increase はそれぞれ「減る」、「増える」という意味

だが、decrease, increase を使って数の増減を言う場合、いちいち「数が減る」あるいは「数が増える」にあたる英文を構成する必要がある（日本語では、たとえば「子供が減る」と言う時、子供の「数」は自明のこととして表現されないが、decrease を使う場合、英語では必要）。

② If such a situation continues in this way ➡ If things continue this way
　※日本語は「こんな」、「こういった」、「そんな」、「あんな」などの指示詞が多いため（CHAPTER 21 参照）、恐らくその影響もあって日本人の書く英語には必要以上に such が多く見られる。〈Such +（不定冠詞 +）名詞〉は多くの場合、形式ばった表現である。それに対して、形容詞を中にはさむのは一般的表現である（例: such a terrible thing）。

③ think up the way to encourage women to have a child ➡ think up ways to encourage women to have more children
　ここで、「手だて」は単一の手だてではなく、漠然とした複数で考えるのが現実的。また、子供をここで単数で表すと、複数の女性が共通の、あるひとりの子供(?)を産む、という意味になるので不適切。

❺tyle & ❺peech ❶evel

② continue to decline ➡ keep declining
　同じセンテンスの中で同一動詞をくり返すのはぎこちないので、異なった表現を試みる方がよい。

④ paying some money for raising children ➡ paying for raising children
　※一般に英語では日本語の場合よりも自明の（わかりきった）情報は省略されやすい。ここでは some money は自明の情報であるから省略する。日本語では、たとえば「(その)タクシー代金を払う」と言い、また「(その)旅行代金を払う」と言う時、いずれも金銭の意味を表す「代金」、「料金」という表現がそのまま使われるが、英語では前者は pay the taxi fare、後者は pay for the trip となる。前者ではお金そのものが目的語となるのに対し、後者ではお金は省略された形になる点に注意。

MODEL ANSWERS

1　In recent years, Japanese society has been rapidly aging and the birth rate has been sharply dropping. If things go on like this, labor productivity will keep declining, and Japan will collapse in the end. It is high time to think up [come up with] ways to encourage women to have more children. The government should consider, for example, each member of the country mutually paying for raising children.

2   Japan has recently been faced with a rapidly aging population and a falling birth rate. If things continue this way, there will be a constant decline in [deterioration of] labor productivity, which might [can / will] eventually lead to Japan's collapse. Before it's too late the government should devise [work out] ways to get women to have more children. For example, the idea of each individual being financially responsible for raising children seems worth contemplating.

EXERCISE

次の日本文に関して以下の (1)〜(3) の設問に答えなさい。

> ①第2次大戦後戦争をしていない国は日本を含め 10 ヵ国であるという。②このことは人類がいまだに戦争を過去のものにできていないということを意味する。③人類に戦争はつきものだということである。④こういう厳しい事実に接すると、人間は本質的に戦争を好むという考え方も一理あるような気がしてくる。

(1)   冗語的な箇所を指摘しなさい。
(2)   その上で、適切な修正を施しなさい。
(3)   その上で、全文を英語に直しなさい。

CHAPTER 2　類似表現のくり返し

MODEL ANSWERS

(1)　①と③のつながり。

(2)　③を以下のように言い換えてみる。

修　正　文

①第2次大戦後戦争をしていない国は日本を含め10ヵ国であるという。②このことは人類がいまだに戦争を過去のものにできていないということを意味する。③実際、ここ半世紀のあいだに戦争のために何百万もの人命が失われている。④こういう厳しい事実に接すると、人間は本質的に戦争を好むという考え方も一理あるような気がしてくる。

(3)

1　It is said that only ten countries, including Japan, haven't waged war since the end of World War II. This means that humankind hasn't yet been able to make war a thing of the past. As a matter of fact, war has slaughtered millions of people in the last 50 years. This grim fact makes one feel there is good reason to believe that human beings are born to fight.

2　Since the end of the Second World War, only ten countries, including Japan, haven't experienced war. This shows [indicates] that war has not yet been relegated to the history books of humankind [mankind]. Millions of lives have been lost in warfare in the last half century. Faced with this hard fact, one feels inclined to believe that human beings are born fighters.

Chapter 3
賛成、反対を明確に

　元来、日本人のあり方の一端として、どちらの側につくか、旗幟(きし)を鮮明にしない、あるいはしたくないという微妙な心理があるように思われる。あるいは、本音の部分では、また、自分の利害の直接関わる立場からは反対でも、取りあえず漠然と賛意を表すという、いわゆる「総論賛成、各論反対」などの意見表明のあり方も極めて日本的なものと言えよう。たとえば、ある学生が出席回数不足で定期試験の受験資格を奪われたとする。その学生が教官のところへやってきて「先生、出席日数が足りなくて失格になったのはわかります。でもこの単位が取れないと卒業できないので、なんとか失格の取り消しをお願いします」などのように言うことがある。この学生の場合、前半では自分が失格になったことは妥当な措置である、つまりI agreeと言っていながら、後半ではつまるところI disagreeということであって、論点が矛盾しているわけである。最初とりあえず、当たりを柔らかくするためにYesと言っておいて、そのあとで言を翻すこの学生のような言葉の流れが日本語として無理のない、自然なものに感じられるのは興味深いことである。論説の論理的一貫性にあくまで固執するよりもむしろ、言語行為を情緒的に色づけした上で、対人関係への配慮の方が優先する、というのが日本人同士の日本語でのやりとりの実態なのかもしれない。

　このCHAPTERでは、論点の矛盾を含まないことが適切に英文を書くための重要原理のひとつであることを見ていきたい。

CHAPTER 3　賛成、反対を明確に

EXAMPLE 1

「①あなたは飛行機、電車などの公共の乗り物はすべて禁煙にするのに賛成ですか」「②すべて禁煙も必ずしも悪いとは思わないが、③そうすると煙草を吸う人の権利が奪われるし、④煙草を吸う人がそれでそういったものに乗らなくなると収益が減ってそれらを運行する会社や自治体も大変だろうから、⑤やはり飛行機、電車では一部喫煙席を設けるのが良いと思う」

コメント

　この日本文を見ると、日本語の流れとしてはなんとなく自然な感じがするが、②では賛成の意を表しながら、⑤では結局反対ということを表している。※このような論点の矛盾は、意見表明では極力避けること。まず、賛否いずれかを明示した上で、その理由、根拠を示すという手順が妥当。したがって、②〜⑤は、英文を構成する上では、たとえば以下のように書き改める必要がある。

修正文

「①あなたは飛行機、電車などの公共の乗り物はすべて禁煙にするのに賛成ですか」「②公共の乗り物のすべてを禁煙にすることには反対ですが、そういう乗り物中に一部喫煙席を設けるのは良いと思う。③その理由は、ひとつには全部禁煙にすると煙草を吸う人の権利が奪われるし、④ふたつ目の理由としては、煙草を吸う人がそういったものに乗らなくなると収益が減って、それらを運行している会社なども大変だろうと思うからです」

添削を要する英訳例

① "Are you in favor of banning smoking in public transportation such as airplane and train?" ② "I'm opposed to the total banning in public transportation, but I believe it's a good idea that we set aside some smoking area in every plane or train. ③ This is partly because if smoking was totally banned smokers would be deprived of their right to smoke, ④ and partly because the airline or train companies would suffer a lot if smoking was totally banned, and the number of the passengers using their planes or trains decreased."

GENERAL COMMENTS

全体的に同一語句、構文のくり返しが目立つ、表現効率の悪い英文になっている。文法・語法よりも文体の面で改善の余地が多い。

SPECIFIC COMMENTS

ⓖrammar & ⓤsage

① airplane and train ➡ airplanes and trains
　　ここでは飛行機、電車一般を指しているわけであるから、複数形が正しい。

② the total banning in public transportation ➡ that [it]
　　※日本語は同一表現のくり返しに寛容な言語だが (CHAPTER 22 参照)、英語はそうではない。ここでは、前文の banning smoking in public transportation such as airplane and train に対して反対ということなので、その部分を that もしくは it で受ける。

② it's a good idea that we set aside ➡ it's a good idea to set aside
　　※日本人の書く英語は不必要に that 節が多くなる傾向がある。ここでは不定詞で表すのが自然。

ⓢtyle & ⓢpeech ⓛevel

③ if smoking was totally banned smokers would be deprived of their right to smoke ➡ a total ban would deprive smokers of their right to smoke
　　ここでは a total [complete] ban というふうに、〈不定冠詞＋名詞句〉の形で、主語に条件の意味を含ませる無生物主語構文にすれば引

き締まった文体になる。

④ if smoking was totally banned, and the number of the passengers using their planes or trains decreased ➡ if a total ban led to fewer passengers using their planes or trains

　ここでもくり返しを避けるということと、冗長な印象を少なくするために無生物主語構文の使用が効果的。

MODEL ANSWERS

1　"Are you in favor of banning [prohibiting] smoking in public transportation such as airplanes and trains?" "I'm opposed to that [it], but I believe it's a good idea to set aside some smoking area in every plane or train. This is partly because a total ban would deprive smokers of their right to smoke, and partly because the airplane or train companies would suffer a lot if a total ban led to fewer passengers using their planes or trains."

2　"Do you agree with the idea of [Are you for] prohibiting smoking in all public transportation, including planes and trains?" "No, I don't. [I disagree. / I'm against that.] But having smoking sections in each plane or train might be a good idea [worth doing]. One reason for this is that smokers could enjoy their right to smoke, and another reason is that a decrease in the number of passengers because of total prohibition of smoking would cause the plane or train companies to lose money."

EXAMPLE 2

「①あなたはこの地区で親子運動会などの地域イベントの開催は可能だと思いますか」「②それはやろうと思えばできないことはないと思います。③しかし、この地区の両親は共働きが多く、土日も休めないことも多いし、子供は学校、部活、塾で忙しくて、実際にはむずかしいのではないでしょうか。④それに親子のふれあいは本来各家庭で実践されるべきもので、家庭以外に無理にそういう場を作ろうとするのもちょっと不自然な感じがしますけれど」

コメント

この場合も、日本語的な受け答えでありがちな「総論賛成、各論反対」的な論点の矛盾が見られる。②では一応 Yes と言っているが、③、④では論点が翻って、親子運動会の開催に疑問を投げかける内容になっている。最初の賛成の部分は建て前的な感じで、それ以降は本音としての反対意見が目立つ。英語的視点からは反対なら反対ということで、以下のように論点を明快にする方がよい。

修正文

「①あなたはこの地区で親子運動会などの地域イベントの開催は可能だと思いますか」「②可能性はかなり低いのではないでしょうか。③というのは、この地区の両親は共働きが多く、土日も出勤しているし、子供は学校、塾、部活、で忙しいですから。④それに親子のふれあいは本来各家庭で実践されるべきもので、家庭以外に無理にそういう場を作ろうとするのもちょっと不自然な感じがしますけれど」

添削を要する英訳例

① "Do you think it possible to have local events like a sports day for

CHAPTER 3　賛成、反対を明確に

parents and children in this neighborhood?" ② "It seems to me that it is very difficult. ③ Because a large number of parents in this area are working; they aren't off even on Saturdays and Sundays. The children are very busy going to school and *juku*, or doing club activities. ④ Moreover, touch between parents and children should be carried out originally at home. It would be a bit unnatural to try to have one outside the home."

GENERAL COMMENTS

日本語の直訳が目立つ。また、不適切な接続表現が見られる。

SPECIFIC COMMENTS

Grammar & Usage

③ Because a large number of parents in this area are working ➡ A large number of parents in this area are working outside the home [This is because a large number of parents in this area are working outside the home]

　※接続詞 because は従属接続詞である。そのため because 節は、文の中の節として〈Because X, Y [Y, because X]〉のように用いるのが正しい。〈Y. Because X〉のような用法は、特に書き言葉としては不適切。また、ここで「働く」は家庭の外で(社会に出て)働くという意味なので work outside the home とする。

④ touch between parents and children ➡ contact [give and take] between parents and children

　「ふれあい」は日本語でよく使われる表現だが (p. 204 参照)、英訳に際しては注意を要する。touch は文字通り肉体的接触を意味し、おさわり的な意味になる。ここではもっと抽象的な contact や give and take がふさわしい。

④ originally ➡ primarily

　日本語の「本来」、「元来」、「もともと」は意味に応じて適切な英語を当てるように気をつけること。一般に、originally は時間的な意味で使

23

うことが多い。例：This hotel was originally a castle.（このホテルはもともとお城だった）

ⓢtyle & ⓢpeech ⓛevel

② It seems to me that it is very difficult. ➡ The possibility is extremely low, I'm afraid.
　ここで「可能性の低さ」に言及することで、より具体的な受け答えにする必要がある。
④ Moreover ➡ Besides [Not only that]
　moreover はやや形式ばった表現。

MODEL ANSWERS

1 "Do you think it possible to have local events like a sports day for parents and children in this neighborhood?" "The possibility is extremely low, I'm afraid. A large number of parents in this area are working outside the home; they aren't off even on Saturdays and Sundays. The children are very busy going to school and *juku*, or doing club activities. Besides, give and take between parents and children should be carried out primarily at home. It would be a bit unnatural to try to have an event outside the home."

2 "What do you think is the possibility of having local events like sports days for parents and children in this area?" "The possibility is almost nil [zero], I suppose. As working parents, most fathers and mothers in this neighborhood go out to work [commute to work] even on Saturdays and Sundays. And their children are busy with their school or *juku* work, or club activities. Not only that, contact between parents and children should take place [occur] mainly at home. Taking the trouble to get together away from home would be somewhat unnatural."

CHAPTER 3　賛成、反対を明確に

EXERCISE

次の日本文に関して以下の(1)～(3)の設問に答えなさい。

「①あなたは日本が核武装することに賛成ですか」「②日本が核武装することに対してはまずアメリカが反対するでしょう。③また、仮に日本政府に核を持つ意志があっても、広島、長崎のことがありますから国内世論がそれを是認しないと思います。④それに、日本が核を所有すれば中国、韓国、ロシアなどの近隣諸国との関係は決定的に悪化するでしょう。⑤そうなれば日本は自滅するので核武装は愚かな選択だと思います。⑥しかし、政治的な発言力を増すための道具としては核は有効なので、その意味では核所有は国益になる面もあると思います」

(1) 論点が矛盾している文章を指摘しなさい。
(2) 内容が一貫性を持つように問題文を修正しなさい。
(3) その上で、全文を英語に直しなさい。

MODEL ANSWERS

(1) ⑥
(2) ①の質問に対して②以下の答えは首尾一貫性がない。②から⑤までの流れでは核武装に対し反対の主旨が読み取れるが、⑥ではむしろ核武装を是認するニュアンスに変わっている。日本の核武装に反対する立場を一貫させるためには以下のように書き換える必要がある。

修正文

「①あなたは日本が核武装することに賛成ですか」「②私は日本の核武装はまったく愚かな選択だと思います。③日本が核武装することに対してはまずアメリカが反対するでしょう。④また、仮に日本政府に核を持つ意志があっても、広島、長崎のことがありますから国内世論がそれを是認しないと思います。⑤それに、日本が核を所有すれば中国、韓

国、ロシアなどの近隣諸国との関係は決定的に悪化するでしょう。⑥そうなれば日本は自滅するほかはありません」

(3)

1̄ "Are you in favor of Japan's nuclear armament?" "I think it would be an extremely stupid choice. First, the United States would be against the idea of Japan having nuclear weapons. Second, if the Japanese government decided to possess them, the general public would never approve of it, being well aware of what happened to Hiroshima and Nagasaki during the war. Third, Japan's nuclear armament would decisively aggravate [worsen] its relationships with neighboring countries such as China, Korea, and Russia. And if that happened, Japan would be doomed to ruin itself."

2̄ "Do you agree with the idea of Japan possessing nuclear weapons?" "It would be the height of folly for Japan. First of all, America would be opposed to it. Secondly, even if the Japanese government had the will to have them, the people, who will never forget the catastrophes of Hiroshima and Nagasaki, would never give their consent to it. Thirdly, Japan's nuclear armament would mean that its relationships with such neighbors as China, Korea, and Russia would become disastrous [deteriorate / hit rock-bottom]. If it came to that, Japan would perish."

Chapter 4
脈絡のない話題の転換

　日本文化はもともと多弁、雄弁を美徳と考えないところがあり、論をひとつひとつ堅牢に積み重ねていくのは理詰めの感じがして、一般にはあまり好感を持たれないようである。「～さんは理屈っぽい」「～君は口数が多すぎる」などの日本語がその現れであろう。そういう理由もあって、日本人の言葉の使い方としては、話の内容がひとつところに固執するよりも、割合軽いタッチで移ろいやすいように思われる。
　このCHAPTERでは、日本人の文章によく見られる一貫性（coherence）の欠落について検討する。

EXAMPLE 1

　①先月退官された吉田教授は城南大学発展のため、文字通り粉骨砕身の努力を傾注されてこられたわけですが、単に仕事のみに生きるのではなく、豊かな趣味の世界もお持ちでした。②吉田先生は油絵がご趣味で、そのほとんど素人ばなれした風景画は時折、雑誌などでも紹介されました。③またしばしば、先生の研究室でお酒を酌み交わしながら歓談したことも今は懐かしい思い出です。

コメント

　これは、吉田教授なる人物の退官に寄せて書かれた、賛辞をささげる送辞の一部である。前後の脈絡からすると、この文の前に吉田氏の数々の業

績についての言及があり、この段落は一転して吉田氏の趣味世界についての言及となっている感がある。一読した限りでは、回想の中における、吉田氏の仕事を離れたくつろぎの世界、というテーマでの一貫性 (coherence) はあるように感じる。その意味で読めば、②と③は首尾一貫している (coherent) と言うことはできよう。しかし吉田氏の趣味についての言及というふうに的を絞って考えると、油絵のことを述べていながら、話が急に酒のことに移るわけだから、②と③は意味的な直結性が薄いとも言える。ここで、話を吉田氏の趣味世界に限定してそこでテーマを統一するならば、この部分は以下のように書き換えると全体的に十分一貫性のあるものになるであろう。

修正文

①先月退官された吉田教授は城南大学発展のため、文字通り粉骨砕身の努力を傾注されてこられたわけですが、単に仕事のみに生きるのではなく、豊かな趣味の世界もお持ちでした。②吉田先生は油絵がご趣味で、そのほとんど素人ばなれした風景画は時々雑誌などでも紹介されました。③また、油絵のほかに、友人・知人と語らいながら酒を飲む、ということも吉田先生のご趣味であったと言えましょう。④時折、先生の研究室でお酒を酌み交わしながら歓談したことも今は懐かしい思い出です。

添削を要する英訳例

①Professor Yoshida, who retired last month, put everything he had into the development of Jonan University, but he did not live only for his job. He had another aspect which was enriched by his pastimes. ② His favorite pastime was oil painting. He was very good at landscape paintings, and his paintings were so good that I couldn't believe they were not painted by a professional artist. They sometimes appeared in magazines. ③Perhaps another of his favorite hobbies was talking and drinking with acquaintances and friends. ④I have fond memories of the occasional drinks and chats I've shared with

Professor Yoshida in his room.

GENERAL COMMENTS

　日本語で過去時制を表すのに用いられる「タ」を英語の時制 (tense) の観点からどうとらえるかについての興味深い例であり、特に、現在時制と過去時制の取り扱いについて英語の時制のあり方を十分理解しているとは言えない英訳になっている。

SPECIFIC COMMENTS

Grammar & Usage

① Professor Yoshida put everything he had ➡ Professor Yoshida has put the whole of himself

　この日本文では、吉田氏はまだ存命であるという前提がある。そのため、ここで過去形を使うとあたかも故人であるかのような印象になる。＊英語の過去時制は現在と何のかかわりもないことを表しやすいので用法に注意。ここでは現在完了を使って、言われている事柄が存命中の吉田氏の現在と関わりがあることを示す必要がある。また、put everything he had into... は '全財産を注ぎ込む' のような意味になるのでここでは不適当。

① which was enriched by his pastimes ➡ which is enriched by his pastimes

　ここでも時制を過去形 was とすると、吉田氏の現在と何の関係もない過去の事柄になってしまうので、現在形にする。

③ Perhaps another of his favorite hobbies was ➡ Perhaps another of his favorite pastimes is

　ここでも時制は現在形にする必要がある。＊また、**hobby** は **stamp collection** のような、興味を持って長期的に打ちこむ作業にはふさわしいが、酒を飲むとか映画鑑賞などは、暇つぶし、時間つぶしと考えて **pastime** がふさわしい。

❂tyle & ❂peech ❂evel

② His favorite pastime was oil painting. ➡ His favorite is oil painting.

　　ここでは pastime は省略した方が簡潔になる。またここでも、Grammar & Usage で述べたのと同じ理由で、時制は現在形が正しい。

② He was very good at landscape paintings, and his paintings were so good that I couldn't believe they were not painted by a professional artist. They sometimes appeared in magazines. ➡ His superb [excellent] landscapes, which very few would believe are an amateur's works, have sometimes appeared in magazines.

　　全体的に言葉数が多く（wordy）ダラダラした感じなので、関係詞節を挿入的に使うことで引き締まった文体になる。またここでも過去時制は不適切。

MODEL ANSWERS

1. Professor Yoshida, who retired last month, has literally put the whole of himself into the development of Jonan University, but his job has not been his entire life. He has another aspect which is enriched by his pastimes. His favorite is oil painting. His superb landscapes, which very few would believe are an amateur's works, have sometimes appeared in magazines. Perhaps another of his favorite pastimes is talking and drinking with acquaintances and friends. I have fond memories of the occasional drinks and chats I've shared with Professor Yoshida in his room.

2. Professor Yoshida, who retired last month, has spared no effort toward the development of Jonan University, but his job didn't mean everything to him. Apparently, his pastimes have helped him lead a full life. Oil painting is one such pastime. Some magazines have carried his impressive landscape paintings, which look like a professional's works. Spending time chatting and drinking with people close to him is another thing he loves. I've

CHAPTER 4　脈絡のない話題の転換

sometimes enjoyed chatting and drinking with him in his room, and that is a wonderful memory for me.

EXAMPLE 2

①私は一生独身のままでいようと思っています。②結婚は割に合わないという気がしています。③結婚して子供ができると子育てに時間も労力も取られて自分がやりたいことができなくなるだろうし、それに子供の教育費はものすごく高くつきます。④ひとりで暮らす方が気楽で、いろんなことが楽しめると思います。⑤結婚することのメリットもいろいろあると思います。⑥でも、私はいろんなものに縛られるのはいやなたちなので、やはり結婚はしません。

コメント

　この文はある人物が自分の結婚観を述べたものである。基本的には結婚に対して消極的であり、独身主義の表明となっている。ところが⑤では全体の論旨とは異なり、結婚の長所を認める所見になっている。確かに物事にはプラス、マイナスの両面があり、そのことに言及するのは別に不自然ではないが、⑤では単に「結婚にもメリットがある」という抽象的論旨のみが、いわば言い捨てにされているために、この文が全体の中で孤立してしまっている印象がある。これは、話題の突然の転換、すなわち一貫性の欠落の事例と考えられる。この文を自然な言葉の流れにするには以下のふたつのやり方が考えられる。

(1)　⑤の次に、結婚の具体的な長所をいくつか挙げ、長所、短所の対比の中で最終的に自分の立場(結婚しない立場)を明らかにする。
(2)　⑤を省略して、全体的に結婚のマイナス面の列挙で統一することで自分の結婚観を表明する。
　ここでは(2)のやり方でEXAMPLE 2 を書き換えてみる。

修正文

①私は一生独身のままでいようと思っています。②結婚は割に合わないという気がしています。③結婚して子供ができると、子育てに時間も労力も取られて自分がやりたいことができなくなるだろうし、それに子供の教育費はものすごく高くつきます。④ひとりで暮らす方が気楽で、いろんなことが楽しめると思います。⑤家族を持つということは、夫、子供、舅、姑に対して責任を負うということなので、考えただけでうんざりです。⑥私はいろんなものに縛られるのはいやなたちなので、やはり結婚はしません。

添削を要する英訳例

①I'd like to stay single throughout my life. ②I think getting married doesn't pay. ③If I have children after I'm married, I'll have to spend lots of time and labor raising them, so I become unable to have a lot of time to do the things I'd like to do. Besides, it costs lots of money to bring up children. ④I'm happier and more carefree staying single, and I can fully enjoy life. ⑤Having a family means I'll be responsible for my husband, my children, and my parents-in-law. So I'm sick of thinking about it. ⑥I'm the sort of person who dislikes getting shackled to this or that, so I won't get married.

GENERAL COMMENTS

現在時制と、助動詞を適切に使う未来時制の区分けがうまくなされていない。また、英語の否定詞の位置について研究する必要がある。

SPECIFIC COMMENTS

Grammar & Usage

① throughout my life ➡ for the rest of my life

ここでの「一生」は「自分が生きる残りの人生」と考える。下線部のような表現は、たとえばすでに全生涯を終えて亡くなった人について使うことができる。例: John was happy throughout his life.（ジョ

ンは幸せな生涯を送った）
③ I become unable to have a lot of time ➡ I'll become unable to have enough [much] time

　　ここでは条件節の帰結の部分なので、未来の意味を表す助動詞が必要。また、a lot of [lots of] は肯定文で用いるのが普通。ここでは unable が否定文としての働きを作り出しているため much（疑問文、否定文で用いる）が正しい。

④ I'm happier and more carefree staying single, and I can fully enjoy life. ➡ I'll be happier and more carefree staying single, and I'll be able to fully enjoy life.

　　ここでは、staying single の部分が条件節の働きをし、それ以外が帰結節の働きになっているので、③と同様 will を使った形にする必要がある。

❺tyle & ❺peech ❶evel

② I think getting married doesn't pay. ➡ I don't think getting married pays.

　　※英語は yes / no に関する情報はなるべく早く出すことを好むので、日本語の構造とはずれがあるが、not は think にかけた方がよい。

③ it costs lots of money ➡ it costs a fortune

　　このパッセージでは lot of [lots of] がすでに使われているのでバラエティを考えて違った表現にしてみる。

⑤ So I'm sick of thinking about it. ➡ The mere thought of it makes me sick.

　　ここでは人称主語構文でも可だが、thought を主語にした無生物主語構文を使うこともできる。また、接続詞 so は省略した方が、むしろ簡潔な文接続が実現できる。

MODEL ANSWERS

[1] I'd like to stay single for the rest of my life. I don't think getting married pays. If I have children after I'm married, I'll have to

spend lots of time and labor raising them, so I'll end up with very little time to do the things I'd like to do. Besides, it costs a fortune to bring up children. I'll be happier and more carefree staying single, and I'll be able to fully enjoy life. Having a family means I'll be responsible for my husband, my children, and my parents-in-law. The mere thought of it [Just thinking about it] makes me sick. I'm the sort of person who dislikes getting shackled [tied / bound] to this or that, so I won't get married.

2 I won't get married for the rest of my life. I'm afraid being a married woman has no benefits. As a mother, I'd have to use lots of time and energy to raise children. As a result, most of my time would be gone and I'd get very few things done. Not only that, the cost of raising children is ridiculously high. Being unmarried will make me feel happier and more relaxed, and enable me to have lots of fun. If I have a family, I'll have to shoulder the responsibility for my husband, my children, and my parents-in-law. When I imagine that, I get weary. I don't want to confine myself to limited choices, so I won't marry.

CHAPTER 4　脈絡のない話題の転換

EXERCISE

次の日本文に関して以下の (1)〜(3) の設問に答えなさい。

> ①ファーストフードを食べ過ぎると体によくないと思います。②ファーストフードには大量の脂肪が含まれているので、食べ過ぎると肥満の原因になります。③また、添加物や保存料が大量に使われているので、いろんな病気の原因になります。④ファーストフードは文字どおり、すばやく作り、すばやく食べるものですが、食事は本来じっくり調理して、ゆっくり食べるべきもので、そちらの方が消化にもいいわけです。⑤ファーストフードにもいい点はたくさんありますが、やはり食べ過ぎるのはよくないと思います。

(1)　一貫性 (coherence) の欠落、あるいは論の無展開と思われる箇所を指摘しなさい。
(2)　その箇所を適切な形に修正しなさい。
(3)　その上で、全文を英語に直しなさい。

MODEL ANSWERS

(1)　⑤（全体的にはファーストフードの食べ過ぎはよくないという論旨でほぼ一貫しているが、⑤に至って、ファーストフードの長所に言及する構えを取っている。しかし構えだけで、具体的に長所に触れていないわけだから、この文は全体に対して一貫性が欠落していると言わざるをえない。）
(2)　⑤をたとえば以下のように書き換えることで、全体の論旨を一貫したものにすることができる。

修 正 文

> ①ファーストフードを食べ過ぎると体によくないと思います。②ファーストフードには大量の脂肪が含まれているので、食べ過ぎると

肥満の原因になります。③また、添加物や保存料が大量に使われているので、いろんな病気の原因になります。④ファーストフードは文字どおり、すばやく作り、すばやく食べるものですが、食事は本来じっくり調理して、ゆっくり食べるべきもので、そちらの方が消化にもいいわけです。⑤ファーストフードもたまに食べるのは別に構わないが、やはり食べ過ぎるのはよくないと思います。

(3)

1. Eating too much fast food is bad for you. Excessive consumption of fast food, which contains large amounts of fat, can lead to obesity. Not only that, the large amount of additives and preservatives it contains can cause various kinds of diseases. Fast food is literally something to cook fast and eat fast, but food is essentially something to cook slowly and eat slowly. Food prepared and consumed the way it should be is more digestible. Having fast food just once in a while will do you no harm, but eating it too often must be avoided.

2. Fast food, if eaten too much, is harmful to one's health. There are enormous amounts of fat in it, and that can make one overweight. In addition, the quantity of additives and preservatives in fast food can be a main factor in many different diseases. Fast food is expected to be cooked fast and eaten fast, but food is essentially to be cooked slowly and eaten slowly to help make it more digestible. Having fast food infrequently is no problem, but one should not have it too frequently.

Chapter 5
非論理的な二者択一

　シェークスピアの『リチャード三世』の中に、Take up the sword again, or take up me（その剣をとられるか、それとも私をとられるか）という台詞がある。
　これは、イングランドの王位篡奪の野望に燃えるグロスター公リチャード（後のリチャード三世）が、王子エドワードを殺害した後、その未亡人であるアンをわが妻にしようと強引に言い寄る場面でのリチャードの台詞である。研ぎ澄まされた剣をアンに手渡し、あなたの美しさゆえにエドワードを殺したが、それほど亡き夫の復讐がしたければ私のこの胸を切り裂いて「あなたを恋慕う魂」を取り出されよ、と言う。アンは、いったんは剣を構えるがリチャードを殺す勇気はなく、剣を取り落とす。そこでリチャードはこの台詞で詰め寄る。剣を取って私を殺すか、それとも私を夫とするか、という二者択一を迫る、迫力に満ちた場面である。
　「生か、さもなくば死」のような真の意味での二者択一と異なり、実際には他の選択肢（この場合、たとえば、リチャードを殺さず、夫にもしないという選択肢）があるにもかかわらず、あたかも、AもしくはBのどちらかしかない、という二者択一を迫るのは、言葉と言葉の関係が適切ではなく、すなわち非論理的である。しかし、この「Aか、さもなければBあるのみ」という表現形式は、それが、上記の台詞のように状況との関連において非論理的な場合、文学的虚構においても、現実の場面でも、せっぱ詰まった状況を相手に伝えるための、情念的な迫力を伴った言い回しと言える。ただ、現実の場面で、実際は非論理的であるにもかかわらず、この「Aか、さもなければBあるのみ」という文構造を安易に使うと、感情的過ぎるとか、

言葉の用法が誤っているという印象を強くするので注意を要する。

　このCHAPTERでは、「生か、さもなくば死」のような適切で論理的な二者択一のあり方ではない、不適切で、非論理的状況でこの言語形式が使われる様を見ていくことにする。

EXAMPLE 1

　①今や選択肢は2つしかない。②すなわちアメリカの側につくか、さもなければテロリストの側につくかである。③中間は存在しない。④われわれはテロリスト、もしくはテロリストを助けるいかなる国家、組織も国際秩序に対する犯罪者として断固制裁を加える覚悟である。

コメント

　この日本文は「A、さもなければB」という二分法（dichotomy）を採用しているが、問題なのは、ここでは、二分法を、たとえば、「生と死」、「静と動」、「有限と無限」などのような、意味論で言うところの二項相補関係（binary relation）としてのもの、というふうに見せかけている点である。※二項相補関係とは、一方の意味が他の一方によって支えられており、他の一方なくしては、もう一方が意味をなさないような関係であり、両者の中間すなわち、「AでもなくBでもない」、あるいは、「Aでもあり、かつBでもある」などの事態が意味をなさないような関係を言う。たとえば、「有限」の意味はその対極である「無限」によって支えられており、その逆もまた真であり、かつ両者の中間はない。

　ごく常識的に見て、この日本文で語られている状況では十分「中間的(中立的)事態」が考えられる。つまり、なんらかの形でアメリカへの支持をはっきり表明する(例：アメリカ軍と軍事行動を共にする / 支持する意を公にする)ことをせず、かつ、テロリスト支援も行わない、ということは、ひとつの政治的立場として十分現実的にありうることである。にもかかわらず、根拠のない二項相補関係を使うのは、政治的メッセージとしてのインパクトはあっても、論理的には誤りである。ここで、論理的に健全な論旨

に切り換えるとすれば、ひとつの例として以下のような日本文になるであろう。

修正文

①テロは憎むべき犯罪である。②テロリスト、もしくはテロリストを助けるいかなる組織も国際秩序に対する犯罪者として断固制裁を加えられなければならない。③今や全世界がテロ撲滅のために、主義信条、宗教、人種の違いを超えて結束すべき時である。④アメリカはその結束に向けて主導的な役割を果す用意がある。

添削を要する英訳例

①Terrorism is an atrocious crime. ②Terrorists and organizations which support terrorists are criminals against international order and they should be severely punished. ③Now is the time for every country in the world to get united, despite differences in causes, religions and races, to eradicate terrorism. ④The United States is ready to lead the world to get together.

GENERAL COMMENTS

名詞の数（number）の扱いで注意すべき箇所がある。また語順（word order）を考える時、意味のまとまりを念頭に置いて語句を並べなければならないが、その点でも改善すべき点が見られる。

SPECIFIC COMMENTS

Grammar & Usage

③ causes, religions and races ➡ cause, religion, and race

英語の名詞は、同じ名詞に可算（countable）、非可算（uncountable）の両方の用法がある場合が多いが、この3つの名詞も同様。※一般に可算、非可算の使い分けは、具体的な個々の対象を念頭に置いている時は可算名詞として扱い、どんな具体的な X でもない X、というような抽象的な思考の対象として扱う場合は非可算名詞となる。ここでは、

後者の扱いが適切。

④ The United States is ready to lead the world to get together. ➡ The United States is ready to play a leading role in getting nations to do that.

訳例の lead the world to get together では「世界がまとまるように導く」という抽象的な意味でしかなく、前文の内容を具体的、適切に受けた形になっていない。ここでは、添削例のように get nations to do that として、世界の国々が前文の内容（that で指示している）を実行するよう説得する、という形にする。

❺tyle & ❺peech ❶evel

② Terrorists and organizations which support terrorists are criminals against international order and they should be severely punished. ➡ As criminals against international order, terrorists and organizations that support them should be severely punished.

訳例では、主語である Terrorists and organizations を同一文中で再び代名詞 they で受け直している形だが、やや冗漫なので、添削例のように〈As＋名詞句〉を文頭に出すことで、主語の使用を1回だけにする。また、訳例では which support terrorists とあるが、ここでは既出名詞の無用のくり返しになるので terrorists を them とする。

③ get united, despite differences in causes, religions and races, to eradicate terrorism ➡ unite to eradicate terrorism, despite differences in cause, religion and race

意味のまとまりからすると、「テロ撲滅のために結束する」がひとつのセットであると考えて、添削例のようにまとめあげる方がよい。

MODEL ANSWERS

[1] Terrorism is an unpardonable crime. As criminals against international order, terrorists and organizations that support them should be severely punished. It's about time the whole world — regardless of differences in cause, religion, and race — united to

eradicate terrorism. The United States is ready to take the initiative in uniting nations to fight against terrorism.

2 Terrorism is an atrocious crime. We must harshly punish terrorists as well as organizations that help them survive, because terrorists are destroyers of international order. Now is the time for every country in the world, despite differences in cause, religion and race, to unite in the eradication of terrorism. The United States is ready to play a leading role in accomplishing that.

EXAMPLE 2

①近年中国の台頭が目覚しい。②高い経済成長が継続しているし、軍事力も着実に充実してきている。③恐らく今世紀世界から最も注目を集める国は中国である。④日本はいずれ中国を脅威とみなすか、アジアの頼もしい盟友とみなすか、二者択一を迫られることになろう。

コメント

この文では④で二項相補関係らしく見える二者択一が用いられているが、この場合の二者択一ははたして現実的なあり方であろうか。中国が将来経済大国となり、軍事的にも今よりさらに強大になった場合、外交的に日本がとるべき道は必ずしも上記のふたつのうちひとつとは限らないであろう。現実的には、脅威とみなす一方で、友好関係を深めるという外交技術も選択肢としては当然考えられる。そこで、上の文を現実的なものに書き換えてみる。

修正文

①近年中国の台頭が目覚しい。②高い経済成長が継続しているし、軍事力も着実に充実してきている。③恐らく今世紀世界から最も注目を集

める国は中国である。④日本はいずれ中国の経済的・軍事的脅威にどのように対処するか、⑤それと同時にどのように友好関係を維持していくかについて真剣に考えなければならなくなるであろう。

添削を要する英訳例

①In recent years the rise of China has been remarkable. ②The Chinese economy has kept its high growth rate, and China's military strength has been steadily increasing. ③Perhaps China will draw the greatest attention from all over the world in this century. ④The time will soon come when the Japanese have to consider seriously how to deal with the economic and military threat from China, ⑤and at the same time they have to consider how to keep friendly relationships with China.

GENERAL COMMENTS

文の主語のあり方について研究に値する箇所がある。それと、同一語句の反復を避ける工夫が必要である。

SPECIFIC COMMENTS

Grammar & Usage

③ from all over the world ➡ from the rest of the world
　　ここで「世界から」と言う時、世界から中国を差し引いた残り、と考える。

⑤ and at the same time they have to consider ➡ and at the same time
　　they (= the Japanese) have to consider は ④ ですでに出ているので、ここは省略する。

⑤ China ➡ that country
　　ここでは China は前の文にあるので、同一表現を避ける工夫をする。

Style & Speech Level

② and China's military strength has been steadily increasing ➡ and there has been a steady increase in China's military strength

42

CHAPTER 5　非論理的な二者択一

元のままでも別に問題はないが、there 構文を使って構造のバラエティを出すこともできる。

④ the Japanese have to consider seriously ➡ Japan has to consider seriously

動詞 consider の主語は「日本人」のような生物主語でなければならない、というわけではなく、(人間も含めた)生物に還元できる、あるいは生物を含むものであれば主語として可(「日本」は「日本人(という生物)が住む国」)。

MODEL ANSWERS

1. In recent years the rise of China has been remarkable. The Chinese economy has kept its high growth rate, and there has been a steady increase in China's military strength. Perhaps China will draw more attention than any other country during this century. The time will soon come when Japan has to consider seriously how to deal with a Chinese economic and military threat while simultaneously keeping friendly relationships.

2. China's power has been rising rapidly in recent years. The high economic growth of that country has continued, and its military forces have been steadily strengthened. In this century China will be the key nation to which the rest of the world must pay the most careful attention. Sooner or later Japan must ponder seriously ways to cope with the economic and military threat from China, and ways to continue getting along with that country.

EXERCISE

次の日本文に関して以下の(1)〜(3)の設問に答えなさい。

> ①地球温暖化はいよいよ深刻化している。②今や人類は自らの取るべき道を真剣に考えなければならない時期に来ている。③このまま化石燃料を使い続けて、大気中の二酸化炭素を増やして自滅の道をたどるか、一日も早く化石燃料に代わる、クリーンな代替エネルギーの実用化の道を開くかのふたつにひとつである。

(1) 非論理的な二者択一表現と判断できる箇所を指摘しなさい。
(2) その箇所を適切な形に書き換えなさい。
(3) その上で、全文を英語に直しなさい。

MODEL ANSWERS

(1) ③はやや極論めいている。現実的選択肢としては他のあり方も考えられるからである。
(2) 以下に、その点を考慮して修正文を作成してみる。

修正文

> ①地球温暖化はいよいよ深刻化している。②今や人類は自らの取るべき道を真剣に考えなければならない時期に来ている。③このまま化石燃料を使い続けて、大気中の二酸化炭素を増やして自滅の道をたどるか、生き残るために化石燃料に代わるクリーンエネルギーを実用化するか、あるいは化石燃料の消費をおさえて、これ以上の地球温暖化を食い止めるかである。

1. The problem of global warming is getting more and more serious. It is about time for mankind to decide what course of action to take. There are three options available. The first option is to

CHAPTER 5　非論理的な二者択一

destroy ourselves by continuing to use fossil fuel at the present rate and increase the amount of carbon dioxide in the air. The second is to try to survive by developing clean energy for practical use and replacing fossil fuel with it. The third option is to prevent global warming from getting worse by controlling the use of fossil fuel.

2　Global warming has advanced to an alarming degree. Human beings have to decide what to do before it is too late. We have three choices open to us. First, we can keep consuming fossil fuel the way we do and raise the amount of carbon dioxide in the air until we become extinct. Second, in order to survive, we must [should] do all we can to develop clean energy and use it instead of fossil fuel. Third, we can use much less fossil fuel and stop the earth from getting warmer.

45

Chapter 6
かみ合わない議論

　※論理とは突き詰めて言えば、言葉と言葉の関係のあり方にほかならない、ということはすでに述べたが、言葉というものは語句、センテンス単位だけでなくもっと大きな文章全体でとらえることもできる。対話などにおいて、両方の話者の文章の内容がかみ合って、そこに議論の展開、積み重ねがある場合、その対話は論理的と言えようが、そうでない場合、論旨が不明瞭となり、論理的な議論とは言えないであろう。

　この CHAPTER では日本人同士の対話、議論でよく見られる、いわゆる議論のかみ合いの悪さにスポットライトを当てて、英語的視点から、論理的な議論のあり方について考えることにする。

＊

　この CHAPTER の記述のしかたについて： この CHAPTER では EXAMPLE 1, 2, EXERCISE ともに、🅐と🅑の意見のやりとりという形式をとっている。🅐は一応表現上の問題がないものとして扱い、受け答えとしての🅑の方に問題がある、という構成になっている。

CHAPTER 6　かみ合わない議論

EXAMPLE 1

A：①英語教師は文法文法とやかましく言うのじゃなく、学生が、とにかくいろいろなことについて豊富にコミュニケーションができるように指導することが大事だ。②教師が文法の細かいところにこだわると、自然に学生もそういう態度になってくる。③そのため文法的完璧さにこだわるあまり、のびのびと英語を書いたり話したりする気分にならなくなるのである。

B：①コミュニケーションで大切なのは何も文法だけではない。②文章全体が論理的な構成になっているかどうか、話の内容がつじつまが合っているかどうか、きちんと論旨を展開しているか、またどういう態度で話すか、なども大切だ。③そういうことの指導をきちんとしていかないと、きちんと英語で話したり、書いたりできないものだ。

コメント

　日本人による日本語での議論、討論、各種シンポジウムなどでよく見られる現象のひとつに、議論のかみ合いの悪さ、話者同士がお互いの意見の内容をしっかり受け止めず、自分が話したいことだけを話す、ということが挙げられる。

　その結果、議論の生産的な積み重ねができず、なんとなくまとまりのない、一貫性を欠いた話し合いになりやすい。この理由はいくつか考えられる。ひとつには、日本人が話し合いの場で、意見をぶつけ合い、論理的に議論を積み重ねてそれなりの結論や方向を打ち出していくという作業に慣れていないことと、そもそも日本文化の特徴として、議論を通じて黒白、あるいは勝敗を決することで、事態を明快にするということをあまり好まない、ということが考えられる。さらにもうひとつ理由を挙げるとすれば、論点をまともにかみ合わせて相手との直接対決になれば、双方感情的にもつれやすいということを知っているので、ほとんど本能的に議論の衝突を

避けたがるという日本人の心理的特性も指摘することが可能であろう。

　Aでは、学生たちの、英語によるコミュニケーションの生産性を上げるには、学生たちに、文法にこだわる態度を持たせないことが必要、という論旨であるのに対し、**B**では、英語によるコミュニケーションの生産性を上げる、という**A**の論点は受け継がれず、英語のコミュニケーションを正しく行うには文法以外にも大切な要素がある、という論旨になっている。**A**では、英語によるコミュニケーションのためには、文法はそれほど大切ではないという論旨が背景として感じられるのに対し、**B**ではそのことに反応するのではなく、前提として、英語によるコミュニケーションのためには文法は大切である、という論点から出発している。要するにこの二者の論点はほとんどかみ合っていないと言える。以下に**A**、**B**の論点をわかりやすく箇条書きにしてみる。

- **A**：　1）　文法よりコミュニケーションの方が大切
  - 2）　教師が文法にこだわると学生もこだわる
  - 3）　それがコミュニケーションを妨げる
- **B**：　1）　コミュニケーションのためには文法は大切
  - 2）　コミュニケーションのためには文法以外の要素も大切

　ここで、論を積み重ねるという視点から、**A**をそのままにして、議論の生産性を上げるために、**B**を以下のように書き換えてみる。

――――― 修 正 文 ―――――

A：　①英語教師は文法文法とやかましく言うのじゃなく、学生が、とにかくいろいろなことについて豊富にコミュニケーションができるように指導することが大事だ。②教師が文法の細かいところにこだわると、自然に学生もそういう態度になってくる。③そのため文法的完璧さにこだわるあまり、のびのびと英語を書いたり話したりする気分にならなくなるのである。

B：　①確かに、英語によるコミュニケーションの生産性を上げるためにはあまり文法にこだわるのはよくないであろう。②しかし、日本の学生が自由に英語でものを考えたり書いたりすることを妨

CHAPTER 6 かみ合わない議論

げる要素は、何も過剰な文法意識だけではないと思う。③私見では、日本人学生の多くが、日本語であれ英語であれ、あまりものを考えないので、そもそも表現すべき内容が乏しい、ということも大きな要因ではないかと考える。

A

添削を要する英訳例

①English teachers should encourage their students to be able to communicate about various things in English, without overemphasizing grammar. ②If a teacher sticks to grammar, his or her students naturally come to do as the teacher does. ③As a result, obsessed with perfect grammar, they become reluctant to speak or write English willingly.

GENERAL COMMENTS

日本語の「〜ではなく(〜せずに)」を without あるいは instead of のいずれでとらえるかについて考えさせられる問題である。また、日本語の「〜になる」に対応する英語がどうあるべきかについても考えさせられる。

SPECIFIC COMMENTS

Grammar & Usage

① communicate about various things ➡ talk about various things

動詞 communicate に関しては「〜についてコミュニケーションする」という意味での communicate about という表現は不自然。

① without overemphasizing grammar ➡ instead of overemphasizing grammar

※**X without Y** と **X instead of Y** に関しては、前者では「**Y を伴う(含む)ことなく X**」であるのに対して後者は、「**Y ではなく(Y の全否定) X**」という構造的意味の違いがある。原文の日本語の主旨としては、「文法への過度のこだわりを伴わずに(含まずに)」であるよりはむしろ、日本の伝統的な英語教育の実情から考えて「文法への過度のこだ

わりをやめて」と解する方がより自然な解釈であろう。

② come to do as the teacher does ➡ take [assume] the same attitude
※「時の経過とともに〜するようになる」という意味での **come to do** の動詞句構造では **do** の部分に来る動詞は認識を表す動詞であり、動作を表す **do** などの動詞は不可である点に注意。

❺tyle & ❺peech ❶evel

② If a teacher sticks to grammar, his or her students ➡ If teachers stick to grammatical details, their students

単数名詞を使うと、その単語との関連で往々にして his or her を冠して使用することになりがちだが、特にそれがくり返し用いられる場合、ぎこちない印象を生むので、可能ならば複数形で表すことを心がけること。

③ become reluctant ➡ end up being reluctant

ここでは become reluctant で文法的には別に問題はないが、「結果として〜ということになる」という意味合いを出すことと、表現のバラエティを心がける意味で end up が使える。

MODEL ANSWERS

1. Instead of overemphasizing grammar, English teachers should encourage their students to be able to talk about various things in English. If teachers stick to grammatical details, their students naturally take [assume] the same attitude. As a result, obsessed with perfect grammar, they end up being reluctant to speak or write English willingly.

2. Teachers of English should teach their students how to talk about many different things in English, instead of making them too grammar-conscious. If teachers are preoccupied with minute grammatical distinctions, their students naturally follow the teachers' lead. Consequently, the students' obsession with per-

fect grammar discourages them from speaking or writing English without hesitation.

B

添削を要する英訳例

①To be sure, it may not be good for students to pay too much attention to grammar if they want to make their English more productive. ②But their excessive grammar consciousness is not the sole element preventing them from willingly speaking or writing English. ③I am of the opinion that, whether in Japanese or in English, many Japanese students don't think about many things, and, as a result, have little to talk about. I think this is another big factor.

GENERAL COMMENTS

全体的に日本語の文の順序にこだわりすぎて、英文構成としては自然とは言えない。

SPECIFIC COMMENTS

Grammar & **U**sage

① To be sure, it may not be good ➡ To be sure, it's not good
  日本文が「確かに〜であろう」とあるので、to be sure と may を組み合わせたと思われるが、to be sure, surely, indeed, certainly 等のあとで推量的意味を持つ may を使うのは不適切。

② their excessive grammar consciousness ➡ their preoccupation [obsession] with grammar
  「文法意識」をそのまま grammar consciousness とするのはぎこちない。

② not the sole element ➡ not the sole factor
  日本語では「要素」は要因、原因等の意味でよく使われるが、英語の element は「元素」「全体の中のひとつのグループ、要素、分子」等の意味で用いるのが一般的。

❺tyle & ❺peech ❻evel

① I am of the opinion that, whether in Japanese or in English, many Japanese students don't think about many things, and, as a result, have little to talk about. I think this is another big factor. ➡ Another big factor, in my opinion, is that, whether in Japanese or in English, many Japanese students don't think much, and, as a result, have little to talk about.

　まず、I am of the opinion that は形式ばった表現なので避けた方がよい。次に、「あまりものを考えない」は don't think much で十分。※「ものを考える」「ものを書く」「もの(本)を読む」はそれぞれ **think, write, read** だけでその意味を表すことが可能。具体的な目的語(例：「小説を書く」の「小説」)がない限りは特に名詞句を伴う必要がない点に注意。

　日本語では③の全体の構成は「私見では～も大きな要因ではないかと思う」となっているが、このままの順で英語にするのはよい書き方とは言えない。ここでは前文に引き続いて、要因の列挙という構成にする方が読者にわかりやすいので、Another big factor から文を始める方がよい。

MODEL ANSWERS

1　To be sure, students should not be led to pay too much attention to grammar if they want to make their English more communicative. But their preoccupation with grammar is not the sole factor preventing them from willingly speaking or writing English. Another big factor, in my opinion, is that, whether in Japanese or in English, many Japanese students don't think much, and, as a result, have little to talk about.

2　Certainly, it's not very good for students to attend to grammar too much if making their English more productive is their purpose. But what makes it difficult for them to speak or write

CHAPTER 6　かみ合わない議論

English with little constraint is not just their undue attention to grammar. I believe another big problem is that, in general, Japanese students think little, either in Japanese or in English, and consequently have little to speak about.

EXAMPLE 2

> **A**：①私は、英語学習においては、英語国民の考え方を習得することが大切だと思う。②英語的発想というのは英語国民の文化、思想、生活様式に根ざしたものであり、③そういった発想をよく体得することが英語能力を身につける上で必須である。④そして、英語でものを書いたりしゃべったりする時は、たとえば論理性を重視するなどの、英語の特質に十分注目する必要があると思う。
>
> **B**：①論理性重視は何も英語だけの特徴ではないと思う。②一般に日本語は非論理的と言われるが、たとえば論文の場合、日本語の論文も十分論理的であるし、そのことは日本語でも十分論理的な文章が作れることを意味している。③日本語が非論理的と言う人達は、構文などがルーズな、日常日本語だけを日本語と考えているのではないかと思う。

コメント

　ここでの **A** と **B** もまったく話がかみ合っていない例である。**A** のねらいは英語学習において何が大切なことか、という論を展開することである。**A** はその論旨の中で、論理性を重視する英語の特質に言及しているのに対し、**B** は **A** の話の中の論理性という言葉だけに着目し、その言葉のみに反応して、日本語も英語と同様論理的であるという論の展開に持ちこんでしまっている。このやりとりだけ見ると、**A** も **B** もお互い自分の言いたいことだけを言っているという印象である。以下に **A**、**B** の論点を箇条書きに

してみる。

- **A**: 1) 英語学習の際、英語的発想の習得が必要
  2) 英語的発想では論理性等に着目する必要がある
- **B**: 1) 日本語も英語と同様論理的である
  2) 日本語が非論理的という指摘は受け入れ難い

A をそのままにして、**A** の論旨とうまくかみ合うように **B** を書き換えてみる。

修正文

（修正は **B** のみ）

- **A**: ①私は、英語学習においては、英語国民の考え方を習得することが大切だと思う。②英語的発想というのは英語国民の文化、思想、生活様式に根ざしたものであり、③そういった発想をよく体得することが英語能力を身につける上で必須である。④そして、英語でものを書いたりしゃべったりする時は、たとえば論理性を重視するなどの、英語の特質に十分注目する必要があると思う。
- **B**: ①たしかに英語学習においては英語的発想を習得することは大切でありかつ有益である。②しかし、忘れてならないのは今や英語は英語国民だけのものではないという事実である。③英語は国際共通語として、世界中のいたるところで使われているのである。④したがって、英語学習に際しては何も英語国民のものの考え方の習得を最優先する必要はないし、またそうすべきではないと思う。

A

添削を要する英訳例

①I think it is essential to master the way of thinking of the people who speak English when you study English. ②Their way of thought derives from their culture, idea, and lifestyle, ③and it is very important to master their way of thought if you want to improve your

English language ability. ④When you talk or write in English, you should pay good attention to such English characteristics as its emphasis on logic.

GENERAL COMMENTS

全体的に言葉の経済性（economy of speech）をよく実践できているとは言えない、冗長な箇所が散見される。また、日本人学習者の共通の弱点である数（number）の誤りが多い。

SPECIFIC COMMENTS
Grammar & Usage

① it is essential to master the way of thinking of the people who speak English ➡ it is essential to learn the way English-speaking peoples think

　　動詞 master は技術などを完全に、何の困難も感じない程度まで習得する、という意味で用いられる。言葉を「習得する、学習する」は master よりはむしろ learn を使うことが多い。さらに master という語彙は master vs. slave（主人と奴隷）という連想とつながる部分もあって、それほど一般的ではない。また、the way of 以下は非常にぎこちない書き方になっている。

② Their way of thought derives from their culture, idea, and lifestyle ➡ Their ways of thought derive from their cultures, ideas, and lifestyles

　　英語国民は複数存在し、当然その考え方、文化、思想、生活様式も複数存在する。

③ it is very important to master their way of thought ➡ a good understanding of those ways of thought is crucial

　　①で述べた理由によりここで master は不適切。また、「そういった発想」は文脈上複数で考える。さらに構造のバラエティという観点から、動名詞主語の構文にしてみる。

Ⓢtyle & Ⓢpeech Ⓛevel

③ your English language ability ➡ your English
　※「英語力」は日本語ではよく使われる表現だが、それを **English language ability** とするのは非常に形式ばった表現であり、たいていの場合 **English** で間に合う。

④ such English characteristics ➡ such characteristics of the language
　この場合、English characteristics と言うと「イギリス人の特質」ともとれて意味があいまいになる。ここではくり返しを避けるためにも English を使わず the language とする。

MODEL ANSWERS

1　I think learning the way English-speaking peoples think is essential when you study English. Their ways of thought derive from their cultures, ideas, and lifestyles, and a good understanding of those ways is crucial if you want to improve your English. When you talk or write in English, you should pay good attention to such characteristics of the language as its emphasis on logic.

2　I think what matters in studying English is comprehending English-speaking peoples' ways of thought. The way they think originates from [in] their cultures, ideologies, and ways of life, and having a good awareness of them is a must if you wish to improve your English. Besides, when you talk or write in English you should notice the characteristics of the language, one of which is its preference for logic.

B

添削を要する英訳例

① To be sure, having a good knowledge of English ways of thought is crucial and beneficial in studying English. ② But you have to remember the fact that English is not only used in English-speaking

CHAPTER 6　かみ合わない議論

countries like Britain or America. ③It is now spoken <u>all over the world</u> as an international language. ④You do not have to give top priority to learning English ways of thought when you study English, <u>and you shouldn't do that</u>.

GENERAL COMMENTS

'English' という表現の用法で注意すべき点がある。また、共通関係を的確に認識した上で文章を構成するということができていない。

SPECIFIC COMMENTS

Ⓖrammar & Ⓤsage

② not only used in English-speaking countries ➡ used not only in English-speaking countries

　この場合、not only used と言うと、「使われているだけでなく〜されてもいる」という含みになる。「英語国民だけではなく」という意味にするには、not only の位置を used の後に置く必要がある。

③ all over the world ➡ various [many different] parts of the world

　all over the world は文字どおり全世界という意味になり、事実と合わない。

④ and you shouldn't do that

　全部省略して You do not have to, and should not, give top priority のようにする。ここでは have to と should が共通に give 以下の動詞句にかかるように文を構成する。

Ⓢtyle & Ⓢpeech Ⓛevel

①④ English ways of thought ➡ English-speaking peoples' ways of thought

　English ways of thought と言うとイングランド人（たとえばスコットランド人に対して）のものの考え方という解釈も成り立つので、意味があいまいになる。

② the fact that ➡ that

多くの場合 the fact that は冗長であり、the fact は省略可能（p. 139 参照）。

MODEL ANSWERS

1. To be sure, having a good knowledge of English-speaking peoples' ways of thought is crucial and beneficial in studying English. But you have to remember that English is no longer used only in English-speaking countries like Britain or America. As an international language, it is now spoken in various parts of the world. You do not have to, and should not, give top priority to learning English-speaking peoples' ways of thought when you study English.

2. Indeed, when you study English, learning a lot about English-speaking peoples' ways of thought is important and useful. You should remember, however, that English is now used not only in English-speaking nations like Britain or America; it's a global language spoken in many different parts of the world. You need not, and should not, think that knowing English-speaking peoples' ways of thought is something you should do first of all when you study English.

CHAPTER 6　かみ合わない議論

EXERCISE

次の **A**、**B** のうち、**B** の日本文に関して以下の (1)～(3) の設問に答えなさい。

A：①日本は先進国ではあるが、いまだに後進性を残しているところがある。②それは、たとえば下水道の普及率の低さ、道路の狭さなどである。③下水道で言えば、東京のような大都市圏こそ100%に近い普及率だが、地方ではいまだに50%以下というところも多い。④道路も、せまいところを車、自転車、人がひしめいて通っているところが結構あり、危なくてしょうがない。⑤早急に何とかしなければならない課題である。

B：①先進国とは何かと言う時、それは何も経済が豊かとか、道路などのインフラが整備されているというだけではないと思う。②国民の教養の高さなども大変重要な指標になると思う。③その意味では日本は大学進学率も非常に高く、知性の高い人物も多いので十分先進国だと言えるのではないか。

(1) **A** に対して **B** がどのようにかみ合っていないかを説明しなさい。
(2) その上で、両者がうまくかみ合うように **B** を修正しなさい。
(3) その上で、**B** を英語に直しなさい。

MODEL ANSWERS

(1) **A** は日本が抱えるインフラ上の問題点を、下水道、道路を例に挙げて端的に述べようとしている。その論旨の中で日本の後進性に言及しているだけであるのに対し、**B** は、**A** が言及した「先進国」という言葉のみをとらえ、先進性の判断基準とは何かというところに力点を置いて論旨を展開しているので、話が大きくずれ込んでしまっているわけである。

(2)

修正文

（修正は **B** のみ）

A：①日本は先進国ではあるが、いまだに後進性を残しているところがある。②それは、たとえば下水道の普及率の低さ、道路の狭さなどである。③下水道で言えば、東京のような大都市圏こそ100％に近い普及率だが、地方ではいまだに50％以下というところも多い。④道路も、せまいところを車、自転車、人がひしめいて通っているところが結構あり、危なくてしょうがない。⑤早急に何とかしなければならない課題である。

B：①確かに下水道や道路などのインフラ整備が立ち遅れているのは問題である。②経済大国であるにもかかわらずなぜそうなのかという原因についてはいろいろ考えられる。③そのひとつは、戦後、日本人の最大の関心が、飢えることのない人並みの生活を実現することを最優先し、道路や下水道整備まで気が回らなかったということだろう。

(3) **A**：

1 Japan is a developed country, but it is still underdeveloped in some respects. For example, its sewage system isn't widespread enough yet and there are many narrow roads throughout the country. Japan's sewage system is used in almost 100 percent of the areas in large cities such as Tokyo, while in provincial cities and towns the percentage falls to less than 50 percent. And cars, bicycles, and people are dangerously packed onto roads that are too narrow. Something must be done about these problems very quickly.

2 Japan is an advanced nation, but it still lags behind other advanced nations in some respects. This is shown, for example, by

CHAPTER 6　かみ合わない議論

the low availability of a sewage system and by the huge number of narrow roads all over the country. A modern sewage system is available in almost all areas in large cities such as Tokyo, while in the country fewer than half the homes have access to one. Another example is that roads that are too narrow and overburdened [jammed / packed] with vehicles and people present a great danger. Something must be done immediately to improve these situations.

B :

[1]　True, it's a big problem that the infrastructure, as exemplified by the sewage system and roads, hasn't been improved as much as it should be. Why does this exist in Japan, which is an economic power? There are various reasons for it. One is that the Japanese people's greatest interest since the end of the war has been to lead a decent life without starving, and that the improvement of the roads and sewage system has been neglected.

[2]　Indeed, the infrastructure, as illustrated by Japan's sewage system and roads, hasn't been improved enough, and that's a big problem. Why is this in an economic power like Japan? There are many reasons for it. One is that, since the end of the war, the Japanese have been desperate to live decently without suffering from food shortage, and the betterment of the roads and sewage system hasn't been their primary concern.

Chapter 7
説明不足による説得力の弱さ

　ある陳述を唐突に述べたあと、あたかもそのことについてはわかりきったもののごとく、さらなる説明なしで話が進んでいく、という文章構造の例が考えられる。たとえば、「①この町は人間が人間として生きられない町だ。②30年この町で暮らしてきて私はそのことを実感している。③しかし、私は死ぬまでこの町に住み続けるであろう」という文があるとする。全体としてなんとなく意味がわかる感じはするが、①が具体的にはどういう意味なのか判然としない。①の説明にある程度筆を費やさなければ文意が明確にならず、したがって文章全体の説得力が出てこないのである。このように、書いた本人しかわからない書き方は、わかりやすさの欠落という致命的な欠陥があると言わざるをえない。

　このCHAPTERでは、明快に論を進める上である程度の説明が不可欠であるということを、明快な英語を書くという視点から検討していきたい。

EXAMPLE 1

　①イギリスで2年ほど生活して、視野が広がった感じだ。②イギリス人とその文化にはいろいろな点で感心させられたが、とりわけ感心したのは彼らの大人としてのものの考え方と振る舞い方である。③やはり、歴史が古く、いろいろな人種が集まる国際国家であり、イギリス人と比べれば日本人はまだ大人になりきれていないところが目立つようだ。

CHAPTER 7　説明不足による説得力の弱さ

コ メ ン ト

※日本語であれ、英語であれ、文章を書くひとつの目的は読者を納得させることである。納得させるための重要な論法は、ある事柄を主張する、もしくはある意見、印象を表明する場合、それらの論拠を明示する、ということである。その点で、この日本文には、読者を納得させるということに関して致命的な欠陥がある。それは、②の「とりわけ感心したのは彼らの大人としてのものの考え方と振る舞い方である」という記述から、「大人としてのものの考え方と振る舞い方」という印象のもとになった具体的な根拠を示すことなくいきなり③に移行している点である。このような文章は、書いた本人だけしか理解できないという意味で、読者不在、あるいは読者無視の、ひとりよがりの文章と言うことができる。この日本文は、以下のように修正すれば、ある程度説得力を持つようになるであろう。

修 正 文

①イギリスで２年ほど生活して、視野が広がった感じだ。②イギリス人とその文化にはいろいろな点で感心させられたが、とりわけ感心したのは彼らの外国人に対するものの考え方と振る舞い方である。③外国人に対して、極力差別をせずなるべく自国人と平等に扱おうとする。④たとえば国民健康保険には外国人も、イギリス人と同じように加入できるのである。⑤一言で言うと外国人を外国人としてあまり意識していないふりをしているのである。⑥こういう点に関しては、イギリス人と比べれば日本人はまだ大人になりきれていないところが目立つようだ。

添 削 を 要 す る 英 訳 例

①I spent two years in Britain and I feel I could expand my horizons. ②I was impressed with the British people and their culture in many points, and I was particularly impressed with their way of feeling about and dealing with foreigners. ③The British try to treat foreigners just like their own people. ④For example, national health insurance is available for foreigners as well as for the British. ⑤In short, they pretend not to think foreigners as foreigners. ⑥In this point, the Japanese who tend to be too conscious of people from abroad are far less mature than the British.

GENERAL COMMENTS

英語の way の用法に習熟する必要がある。また、関係詞の制限・非制限用法の違いについても研究の余地がある。

SPECIFIC COMMENTS

Grammar & Usage

② in many points ➡ in many ways [respects]
　※日本語では「この点で」「その点に関しては」などのように、「点」という表現が多用されるが、対応する英語表現は必ずしも point とは限らない。Point を使う場合、たとえば「この点で」は on this point となり、in this point とは言わないので注意を要する。

⑤ think foreigners as foreigners ➡ see [think of] foreigners as such
　ここでは foreigners をくり返すことはぎこちないので、as such を使って同一語句のくり返しを避ける必要がある。また、※動詞 think は目的語となる名詞句を直後に従えることはない。

⑥ In this point, the Japanese who tend to be too conscious of people from abroad are far less mature than the British. ➡ On this point [In this respect / In this], the Japanese, who tend to be too conscious of people from abroad, are far less mature than the British.
　ここで、the Japanese who ... として制限用法の関係詞節にすると、who 以下の種類の Japanese、というふうに、日本人一般ではなく、日本人の一部を指してしまうので、非制限用法にして日本人全体についての文章にする必要がある。

Style & Speech Level

① I spent two years in Britain and I feel I could expand my horizons. ➡ The two years I spent in Britain have broadened my horizons [My

CHAPTER 7　説明不足による説得力の弱さ

two-year stay in Britain has broadened my horizons].

　ここで I feel I could expand とすると、これから先に関する推量を述べていることになるので、このような場合の助動詞の用法には注意を要する。ここでは適切に無生物主語構文を使用した方がより簡潔な印象になる。

② and I was particularly impressed with their way of feeling about and dealing with foreigners ⇒ and what I found particularly admirable [impressive] was the way they feel about and deal with foreigners

　前文に続いてここでまた be impressed with... を使うのはぎこちない。また、their way of feeling... も文体的に不自然。接続詞として the way を用いる〈the way S + P〉の構造がより自然な書き方。

MODEL ANSWERS

1 My two-year stay in Britain broadened my horizons. I was impressed with the British people and their culture in many ways, and what I found particularly admirable was the way they feel about and deal with foreigners. The British try to treat foreigners just like their own people. For example, national health insurance is available for foreigners as well as for the British. In short, they pretend not to see foreigners as such. In this respect, the Japanese, who tend to be too conscious of people from abroad, are far less mature than the British.

2 I was in Britain for two years, and that expanded my mind. I found the British and their culture worth noticing in many respects. In particular, the British attitude toward people from other countries impressed me most. The British think it quite natural to treat foreigners and their own people equally, with little discrimination against the former. For example, foreigners, as well as the British, can join the national health insurance program in Britain. In short, they don't seem very conscious of

65

foreigners. On this point, the Japanese, who tend to be exclusive of people from overseas, are far more childish than the British.

EXAMPLE 2

①私は映画が好きで月に6、7回は映画館に通っている。②洋画を見ることが多く、中でもアメリカ映画ファンだ。③ハリウッド製の映画はどれもお金がかかっていて、スケールが大きくとてもおもしろいと思う。④ただ、いやなのは映画によってはちょっとプロパガンダが鼻につくのがある点だ。

コメント

①から③までは文章の流れとしては自然で取り立てて問題はない。ところが④は内容の抽象度が高く、これだけでは具体的意味が何も伝わらない。このあと論の展開として、プロパガンダの具体的内容を補足する必要がある。以下に補足例を挙げてみる。

修正文

①私は映画が大好きで月に6、7回は映画館に通っている。②洋画、中でもアメリカ映画が好きだ。③ハリウッド製の映画はお金がかかっていて、スケールが大きく、とてもおもしろいと思うものが多い。④ただ、いやなのは映画によってはちょっとプロパガンダが鼻につくのがある点だ。⑤たとえば、アクションものや戦争映画ではアメリカ人の基本的価値観である、力と正義の信奉が押し付けがましく感じられて辟易することがある。

添削を要する英訳例

①I'm crazy about films; I go to the cinema six or seven times a month. ②Foreign films, especially American films, are my favorite

CHAPTER 7　説明不足による説得力の弱さ

ones. ③Most Hollywood movies are interesting because they are expensive and grand in scale. ④But what is annoying is the propaganda flavor I feel in some of them. ⑤Some action films or war films, for example, seem to thrust fundamental American values such as a firm belief of power and justice upon the audience, which I sometimes find vexing [annoying].

GENERAL COMMENTS

ある表現、構文を効果的に目立たせる文体上の工夫が今一つ欲しいところ。

SPECIFIC COMMENTS

Grammar & Usage

② Foreign films, especially American films, are my favorite ones. ➡ Foreign films, especially American ones, are my favorites.

　　すでに他の箇所でも指摘したように、※英語は同一表現の反復を避けようとする傾向が日本語よりも顕著であり、そのための工夫のひとつが代名詞の多用である。ここでは films は1回だけにするように工夫すべきところ。favorite は、多くの英語の語彙がそうであるように働きはひとつだけでなく、形容詞と名詞の用法がある。ここでは名詞として使うことで同語反復を避けられる。

⑤ Some action films or war films ➡ Some action or war films

　　ここでは action と war を共通に films にかけるようにすることで同一語句の反復を避けることができる。

⑤ thrust fundamental American values such as a firm belief of power and justice upon the audience ➡ thrust upon the audience such fundamental American values as a firm belief in power and justice

　　※一般に目的語が長い場合、意味の伝達度を高めるために、動詞句を先にとりまとめて置き、そののちに目的語を置くのが普通である。ここでは thrust X upon the audience の X が長いので、upon 以下を動詞とひとまとめに置くのがよい。また、belief of ではなく belief in が

67

正しい。

❶tyle & ❺peech ❶evel

① I'm crazy about films; I go to the cinema six or seven times a month.
➡ I'm crazy about films. I go to the cinema six or seven times a month.

ここでは第1文と第2文(第1文に対しての内容説明)の関係からすると両者をセミコロンでつなぐ根拠はあるが、ピリオドで完全に分けた方が表現のメリハリが出る。

③ Most Hollywood movies are interesting because they are expensive and grand in scale. ➡ Expensive and grand in scale, most Hollywood movies are entertaining.

③はこのままでも何ら問題はないが、Expensive and grand in scale を独立的に前置することで、その部分を意味の上で浮き立たせることができる。また、ここでの「おもしろい」は、観客を楽しませるおもしろさということで entertaining がふさわしい。

MODEL ANSWERS

[1] I'm crazy about films. I go to the cinema six or seven times a month. Foreign films, especially American ones, are my favorites. Expensive and grand in scale, most Hollywood movies are entertaining. But what is annoying is the propaganda flavor I experience in some of them. Some action or war films, for example, seem to thrust upon the audience such fundamental American values as a firm belief in power and justice, which I sometimes find vexing [annoying].

[2] I'm a film goer. I go to the movies six or seven times a month. I like foreign, especially American, movies. I find most Hollywood movies exciting, because they are magnificent in scale and so much money is spent on them. But one thing about American

CHAPTER 7　説明不足による説得力の弱さ

movies annoys me: some of them seem to propagandize. This is exemplified by some action or war films imposing upon the audience such American values as a strong belief in power and justice, which I sometimes find irritating

EXERCISE

次の日本文に関して以下の (1)～(3) の設問に答えなさい。

> ①テレビでアフガニスタンの国情や人々の暮らしぶりを見ると、わたしは日本のような生活水準が高く、政治が安定している国に生まれて本当によかったと思う。②テレビでニュースキャスターが、今のアフガニスタンは日本の戦国時代によく似ていると言っていたが、それが当たっているとしたらアフガニスタンの人々は本当にかわいそうだと思う。

(1) 説明・展開が十分でないと判断できる箇所を指摘しなさい。
(2) その箇所をわかりやすい形に書き換えなさい。
(3) その上で、全文を英語に直しなさい。

MODEL ANSWERS

(1) ②の「日本の戦国時代」。日本の戦国時代がどういうものであったかということについて、日本のことをよく知らない読者にも概略が伝わるように書かないと、言わんとするところが伝わりにくい。

(2)

修正文

> ①テレビでアフガニスタンの国情や人々の暮らしぶりを見ると、わたしは日本のような生活水準が高く、政治が安定している国に生まれて本当によかったと思う。②テレビでニュースキャスターが、今のアフガニスタンは、部族同士が政権の座をめぐってすぐ武力を行使するし、

> 民衆は貧しく、教育も十分でない点が日本の戦国時代によく似ていると言っていたが、それが当たっているとしたらアフガニスタンの人々は本当にかわいそうだと思う。

(3)

1. When I watch on TV what's going on in Afghanistan and how the people live in that country, I feel how fortunate I am that I was born in Japan, which is affluent and politically stable. According to a TV newscaster, Afghanistan today resembles Japan's 'warring-states' period in that the Afghan tribes are quite ready to fight against each other for power, and the people are extremely poor and hardly educated. If that is true, I feel very sorry for them.

2. The way Afghanistan is now and the way the people live over there — at least as far as I know from watching TV — make me feel how lucky I am to be born in a rich and politically stable country like Japan. A TV newscaster said that Afghanistan today is just like Japan's 'warring-states' days in two ways: 1) the Afghan tribes, antagonistic to each other, readily resort to arms for power and 2) the people are suffering from extreme poverty and a lack of education. If these things are true, I cannot help sympathizing with them from the bottom of my heart.

Chapter 8
言葉の意味のあいまいさ

　近年酷使されている言葉の1つに「メディア」がある。たとえば、「うちの大学はメディア系科目が充実しています」「将来はメディア関係の仕事をしたいです」「外国語教育ももっとメディアを活用しなければならない」などのように使われている。注意を要するのは、実際には「メディア」という言葉が多種多様な意味で使われ、しかもどの意味で使われているのか判然としない場合が多いという点である。

　「メディア」にはもともと媒体、手段という意味があるが、マスコミやジャーナリズムの意味もあり、また最近ではIT関連のコンピュータ機器等を指すことも多い。それらのうちどの意味で使われているかは文脈でわかることもあるが、「メディア学科」などのように単独で用いられたり、定義づけのための文脈が不充分な場合、意味が不明になりがちで、そこでの論述が不明瞭、したがって非論理的になりやすい。

　このCHAPTERでは、※日本語にせよ英語にせよ、論理的な立論のためには、その基礎としての用語の意味の明快さが前提であるということについて見ていきたい。

EXAMPLE 1

①最近、'娯楽ロボット'がブームである。②歌を歌ったりダンスをしたり、いろいろと細かい芸が売り物になっている。③少しでも人間らしく、というのがそういった'娯楽ロボット'の開発テーマらしい。④確かに最近のテクノロジーの発達のおかげで、ロボットもずいぶん進化したが、⑤どれほどテクノロジーが発達しても人間並のロボットを作り出すのは非常に困難であろう。

コメント

　一読した限りでは特に理解に苦しむ箇所もなく、ごく普通の'最近のロボットに関する所見'として読むことができる。しかし、なんとなくスラリと読み通してしまえるところにむしろ厄介な点が含まれている場合が案外多いものである。一見問題がないように見えるこの和文で恐らく問題になるのは、「人間らしさ」「人間並」という表現であろう。一体、ここで「人間らしさ」「人間並」とはどういう意味で用いられているのであろうか。単に外形が人間に近いということか、あるいは人間と同じようにものを考えたり、言葉をしゃべったり、喜怒哀楽を表したりできる、ということなのか。それとも、人間と同様の身体能力があって、人間並に歩く、走る、座る、立つ、などの挙措動作ができるということなのか。あるいはまた、それらすべてが可能ということなのだろうか。さらに言うならば、人間性とは何かということになると、単なる機械と区別されるべき人間らしさ(あるいは生き物らしさ)として、年をとること、やがて死ぬこと、なども挙げることができる。はたしてこれらまで含めた概念としての「人間らしさ」なのかどうか、この日本文はその点について極めて不明瞭なのである。

　※物事を明快、明晰に伝えようとすれば、ある表現を使う場合、その意味が具体的にわかるように定義のしぼり込みを十分行った上で、それを文章構成の上に反映させる努力を常に怠ってはならない。英文に直した場合、あいまいさを感じさせないようにするためには、この日本文は以下のように

CHAPTER 8　言葉の意味のあいまいさ

書き直す方がよい。

修　正　文

①最近、'娯楽ロボット' がブームである。②歌を歌ったりダンスをしたり、いろいろと細かい芸が売り物になっている。③外形や挙措動作を少しでも人間に近づけるというのがそういった '娯楽ロボット' の開発テーマらしい。④確かに最近のテクノロジーの発達のおかげで、ロボットもずいぶん進化したが、⑤どれほどテクノロジーが発達しても人間並にものを考えたり、感情を表したりすることができるロボットを作り出すのは非常に困難であろう。

添削を要する英訳例

①These days, entertainment robots are a boom. ②Their sales point is that they have the capacity to do elaborate things such as singing or dancing. ③The main theme in the development of these robots seems to be how to get them as close to human beings as possible in shape and behavior. ④It is true that highly advanced technology in recent years has produced well-evolved robots, ⑤but it is extremely difficult to make robots which are capable of thinking or expressing feelings like human beings, no matter how much progress technology makes.

GENERAL COMMENTS

いわゆる和製英語をそのまま使っているような箇所がある。また、無駄のない表現を目指すという観点から見ると、冗長な (redundant) 箇所が散見される。

SPECIFIC COMMENTS

Grammar & **U**sage

① These days, entertainment robots are a boom. ➡ These days, entertainment robots are enjoying [having] a boom.

「X が[は]ブームだ」を X is a boom とするのは直訳的誤り。
② Their sales point ➡ Their selling point
　　※日本語の「セールスポイント」は和製英語的表現であることに注意。
⑤ but it is extremely difficult ➡ but it will [would] be extremely difficult
　　内容的に、現在の状況ではなく将来の見通しに関わることなので、推量を表す法助動詞を使う必要がある。

❺tyle & ❺peech ❶evel

② that they have the capacity ➡ their capacity
　　※何度も指摘したように日本人の書く英語は that 節が多くなる傾向がある。ここは名詞句で表す方がより簡潔になる。
③ get them as close to human beings as possible in shape and behavior ➡ get their shape and behavior as close to human beings as possible
　　〈get + 目的語 + 補語〉の構造だが、ここでは shape と behavior を目的語の中に含む形にした方が表現効率が高くなる。
⑤ robots which are capable of ➡ robots capable of
　　ここでは関係詞は省略した方がより簡潔になる。

MODEL ANSWERS

[1] These days, entertainment robots are enjoying a boom. Their selling point is their capacity to do elaborate things such as singing or dancing. The main theme in the development of these robots seems to be how to get their shape and behavior as close to human beings as possible. It is true that highly advanced technology in recent years has produced well-evolved robots, but it would [will] be extremely difficult to make robots capable of thinking or expressing feelings like human beings, no matter how much progress technology makes.

[2] These days, entertainment robots are very popular. Their ability

CHAPTER 8 　言葉の意味のあいまいさ

to perform sophisticated things like singing and dancing attracts customers. These robots are so designed that they look maximally close to humankind in shape and behavior, and that seems to be what the manufacturers aimed at in developing them. Very few would deny that these remarkable robots are products of hi-tech industries in the present-day world, but producing robots able to think and feel like human beings would [will] be no easy job at all, even if technology makes tremendous progress.

EXAMPLE 2

①日本は、第2次大戦後ずっと平和を享受してきた。②これは主としてアメリカの軍事力が後ろ盾としてあるからである。③日本の平和は他人頼りの平和であり、自国の平和は自国で守る、ということにはなっていない。④この点を考えると、有事の際、今の日本人ははたして、自分の国を自分で守るという気持ちがあるかどうかは極めて疑わしい。

コメント

　この文章において、④の「有事」という表現はいかにも政治的意味でのあいまいさが感じられる。日本の国会レベルでの議論の中で「有事」の定義が今一つ明らかでないのは周知のことだが、ここでは英訳する観点から、以下のように書き改めてみる。

修正文

　①日本は、第2次大戦後ずっと平和を享受してきた。②これは主としてアメリカの軍事力が後ろ盾としてあるからである。③日本の平和は他人頼りの平和であり、自国の平和は自国で守るための努力は十分とは言えない。④この点を考えると、もし日本が戦争に巻き込まれた場合、今の日本人ははたして、自分の国を自分で守るという気概があるかど

> うかは極めて疑わしい。

添削を要する英訳例

①Since World War II Japan has been a peaceful state. ②This is primarily because the U.S. military power has supported Japan from behind. ③The Japanese largely depend upon others for keeping their country peaceful. ④Considering they haven't done much to keep their country peaceful, it is quite doubtful if the Japanese will show the spirit to protect their own country if Japan becomes involved in war.

GENERAL COMMENTS

日本語を字義どおりにとらえることとそれを英語で表現することは別、ということがよく現れている例と言える。

SPECIFIC COMMENTS

Grammar & Usage

① Since World War II ➡ Since the end of World War II

　　日本語で「第2次大戦後」とあるのは短絡的表現の例で、厳密には「第2次大戦終了後」であり、英語では短絡的表現のない形で表すことが必要。

② because the U.S. military power has supported Japan from behind ➡ primarily because of the US military presence

　　「後ろ盾」を support 〜 from behind とすると、自身は姿を現さず、文字どおり背後に隠れて支えるような意味になり、アメリカ軍の日本でのあり方の実態とそぐわない。ここではむしろ〈because of + 名詞句〉の形で簡略に表すことができる。

③ largely depend upon others ➡ depend largely upon others

　　※副詞句はなるべく修飾する語句の近くに置くのが原則。ここでは largely は「主として他人に」というふうに、others と直結する意味関係を構築するように配置することが必要。

CHAPTER 8　言葉の意味のあいまいさ

④　the spirit ➡ the courage
　　注意すべきは spirit は to 不定詞をあとに従えないという点。

ⓢtyle & ⓢpeech ⓛevel

④　keep their country peaceful ➡ prepare for their own defense
　　この日本文では全部で4回「平和」が使われている。そのまま英語にすると、peace もしくは peaceful がくり返し使われることになってぎこちない。ここでは違った表現にする。

④　it is quite doubtful if ➡ it is quite doubtful whether
　　〈it is doubtful if S + P〉は可だが、④では後半に if Japan becomes involved in war とあるので、同一語句の反復を避けて whether にする。

MODEL ANSWERS

1　Since the end of World War II Japan has been a peaceful country. This is primarily [mainly] because of the US military presence. The Japanese depend largely upon others for keeping their country free from war [keeping the country war-free]. Considering they haven't done much to prepare for their own defense, it is quite doubtful whether the Japanese will show the courage to protect their own country if Japan becomes involved in war.

2　Since the end of the war, Japan has been free from war. U.S. military protection, for the most part, has made this possible. Japan's peace has been secured mostly by others and the Japanese themselves have contributed little to that. This makes one doubt that the Japanese will risk their lives to protect their own country if Japan ever becomes embroiled in another war.

EXERCISE

次の日本文に関して以下の (1)～(3) の設問に答えなさい。

> ①江戸時代の鎖国の影響か、もともとわが国は排他的な一面がある。その排他性も、物は受け入れるが人は受け入れないという、特異な排他性である。②これからの日本はもっと国際化しなければ、いろいろな面で孤立していく可能性が高いと思う。

(1)　定義不十分で意味不明な表現を指摘しなさい。
(2)　その表現をわかりやすく書き改めなさい。
(3)　その上で、全文を英語に直しなさい。

MODEL ANSWERS

(1)　②の国際化。
(2)　②の「国際化」はよく使われる日本語だが定義不足で常に意味があいまいな表現である。英訳する観点から、ここでは外国との物的、人的交流、あるいはこの文脈ではもっと的を絞って、外国人の積極的受け入れ、と解釈して以下のように書き改めてみる。

修正文

> ①江戸時代の鎖国の影響もあって、もともと日本人は排他的な一面があると言われている。その排他性も、物は受け入れるが人は受け入れないという、特異な排他性である。②これからの日本はもっと外国人を積極的に受け入れて人的交流を促進することで国際化をはからないと、いろいろな面で孤立していく可能性が高いと思う。

(3)

1　The Japanese are said to be exclusive, due partly to their political isolation during the Edo period. The way they are exclusive is

CHAPTER 8　言葉の意味のあいまいさ

peculiar in that what they accept from abroad are things, not people. Japan should try much harder to make itself more international by taking in more foreign people and promoting manpower exchanges. Otherwise, it may be alienated from the rest of the world in many ways.

[2]　People say the Japanese tend to be exclusive. This may be attributed partly to the closed-door policy of the Edo era. What is unique about their exclusiveness is their selective nature; they adopt foreign things, but not foreign people. The Japanese should become more internationally-minded by accepting more people from abroad and making more cultural, educational, and business exchanges. Otherwise, they will end up being isolated in many respects.

Chapter 9
結論は先に書く

　たとえば、日本人は指で物を数える場合、親指、人差し指、中指という順に指を手のひら側に折り曲げていくが、英語国民は、小指、薬指、中指という順に、外に開くような動作になる。そのほか、のこぎりの使い方では日本人は引くように使うが、英語国民は逆に押すように使う。また姓名の表記は、日本語と英語では姓と名の表記順が逆になることは周知のとおりである。

　このようにいろいろな面で日本文化と英語圏文化は対照的な面があり、このことは、文章の構造にも一般的に当てはまる。＊日本語では具体的な、枝葉的な内容からおもむろに筆を起こして、最後で、内容の取りまとめとしての結論を置く構造、つまり具体から抽象への流れはごく自然だが、英文の場合、全体の取りまとめとしての結論、つまり抽象から始まって、その後具体的な内容の展開があるのが一般的な構造である。そういう日本語と英語の文章構造の違いを念頭に置いて、この CHAPTER の日本文を読んでいただきたい。

CHAPTER 9　結論は先に書く

EXAMPLE 1

①昨日のことだが、メモ帳を前にして、以前は書けていたはずの漢字がどうしても思い出せない。②まだ50代だが早々と老人ボケが始まったかと思う。③やはりワープロに頼りすぎているのがいけないのかもしれない。④ワープロを使っている時は、手書きする時よりも記憶力を使わないから、自然、漢字を忘れてしまうのだろう。⑤とにかく、四六時中ワープロを使っていると文字が書けなくなるようだ。

コメント

　エッセイ風の内容で、日本語としてはごく自然に読めてしまうが、英文を構築する観点から言うと、この和文全体の結論的性格を持つ⑤が最初に来るのが妥当である。※**日本語では、結論、すなわち全体の主旨が最後に置かれるのは、取りたてて不自然ではないが、英文では、結論(抽象的な内容)がまず示されて、そのあと具体的内容が続く、という構成が、基本的な構成原理となっている。**このことは、ひとつのセンテンス単位でも、英語の場合一般的に言って、主語と述語動詞という、センテンスの中の最も重要な要素が、枝葉である修飾語句よりも先に来る言語事実と合致している。逆に日本語では、「...が～である」の「～である」にあたる述語動詞句は通例文末に置かれる。このように日本語と英語では最重要要素を置く位置が異なっている場合が多い。

　一般的に、英文を構築する際は、結論部分(全体の総括的コメントとしての部分)を先に書く必要がある。結論すなわち総括コメントは抽象的な内容であることが基本であるため、パラグラフ構成としては、抽象から具体(結論の具体的内容など)へという順序をなるべく遵守することが大切。この日本文は以下のように⑤-①-②-③-④の順に直せば、英文に直す上での問題はなくなる。

修 正 文

①四六時中ワープロを使っていると文字が書けなくなるようだ。②昨日のことだが、メモ帳を前にして、以前は書けていたはずの漢字がどうしても思い出せない。③まだ50代だが早々と老人ボケが始まったかと思う。④やはりワープロに頼りすぎているのがいけないのかもしれない。⑤ワープロを使っている時は、手書きする時よりも記憶力を使わないから、自然、漢字を忘れてしまうのだろう。

添削を要する英訳例

①If I use a word processor all the time I feel I become unable to write letters. ②Yesterday, when I was writing something in a notebook, I had a lot of trouble remembering a kanji that I could write before. ③Although I'm still in my fifties, I feel I am getting senile. ④Using word processors too much may be responsible for this. ⑤I'm forgetting kanji for a good reason; when I'm writing with a word processor I depend less on my memory than when I'm writing by hand.

GENERAL COMMENTS

日本文の意味を正確に理解できていない印象がある。スタイルの面では、やや冗長な箇所がある。

SPECIFIC COMMENTS

Grammar & **U**sage

① If I use a word processor all the time I feel I become unable to write letters. ➡ I feel using word processors all the time makes one less capable of writing.

ここで If I use とすると、「もし〜すれば」のような、あくまで仮定的、あるいは条件的な内容になり、現に使っているという意味が出ない。構文上も、動名詞を主語にする無生物主語構文で書くと簡潔な

CHAPTER 9　結論は先に書く

印象になる。また、「文字を書く」は write だけで可。Write letters とすると「手紙を書く」の意味になってしまう。

② I had a lot of trouble remembering a kanji ➡ I couldn't remember a kanji

　このままでは「苦労したあとで、なんとか思い出した」ということになり、「思い出せなかった」という原文とは意味が異なる。

② I could write before ➡ I would [should] have been able to write before

　「書けたはずの」は、話者の「書けたに違いないのだが」という推量を含んだ内容になっているので、助動詞 would [should] を使った方が、和文のニュアンスに近い。

❺tyle & ❺peech ❶evel

③ I feel I am getting senile ➡ I feel as if I am [was / were] getting senile

　動詞 feel の次にそのまま目的節を置くと、その内容は現実性の高いものになる。ここでは老人ボケは字義どおりとる必要はないので、as if を用いて仮定的に表す方がよい。

④⑤ Using word processors too much may be responsible for this. I'm forgetting kanji for a good reason ➡ I'm forgetting kanji perhaps because I'm using word processors too much

　④〜⑤の部分はこのままでも、文法・語法上特に訂正すべきところはないが、やや冗長なので添削例のように書き改める。

MODEL ANSWERS

[1] I feel using word processors all the time makes one less capable of writing [makes one's ability to write decline]. Yesterday, when I was writing something in a notebook, I couldn't remember a kanji that I would [should] have been able to write before. I'm still in my fifties, but I feel as if I am [was / were] getting senile. I'm forgetting kanji perhaps because I'm using word processors

too much; when I'm writing with a word processor I depend less on my memory than when I'm writing by hand.

2   I think relying entirely on a word processor decreases one's ability to write. Yesterday, when I was writing something on a piece of paper I couldn't remember a kanji that I would have been able to write before. I'm still in my fifties, but it feels like my mind is growing weaker. Using a word processor too often may be causing me to forget certain kanji characters; when I write with a word processor, I rely less on my memory than when I write by hand.

EXAMPLE 2

①昨日課長からお客への心配りが足りないとか、もっと頭を使って仕事しろといって散々説教された。②うちの課長はまったくあんなうるさい上司がほかにいるだろうかと思うくらい、どうでもいいような細かいことまで口出しをする。③そしてちょっとでもミスをすると人前で怒鳴り散らす。まったくどうしようもない感じだ。④うちの課長は自分以外はみんなバカに見えるといったタイプの人間で、部下を頭から信用していないのである。

MODEL ANSWERS

ここでも、話が非常に具体的な、枝葉的内容から始まって最後にとりまとめ、結論といった形になっている。英語的視点からは、課長の人間性総括コメントである④をまず述べて、その後、①-②-③と続けるのが妥当。

修正文

①うちの課長は自分以外はみんなバカに見えるといったタイプの人間

CHAPTER 9　結論は先に書く

で、部下を頭から信用していないのである。②昨日もお客への心配りが足りないとか、もっと頭を使って仕事しろといって散々説教された。③まったくあんなうるさい上司がほかにいるだろうかと思うくらい、どうでもいいような細かいことまで口出しをする。④そしてちょっとでもミスをすると人前で怒鳴り散らす。まったくどうしようもない感じだ。

添削を要する英訳例

①Our section chief is a kind of the person who believes he's smarter than everyone else in the world. He doesn't trust his workers at all. ②Yesterday I was badly scolded by him. I was told to be more attentive to the customers, work more efficiently, and use my brain more by the section chief. ③He fusses about every little detail. I sometimes wonder if there is anyone more fussy and bossy than he is on this planet. ④He'll tell you off badly in public even for very small mistakes. He is totally impossible.

GENERAL COMMENTS

態（voice）の使用で問題がある。日本人の書く英語に特有の受動態の用法が見られる。

SPECIFIC COMMENTS

Grammar & Usage

① a kind of the person ➡ the kind of person

　　ここでは who 以下の限定があるので、a kind ではなく the kind とする。また a [the] kind of の次には通例無冠詞の単数名詞が来る（ただし、kind が複数ならば of 以下にも複数名詞が来る。例: these kinds of books)。

② I was badly scolded by him ➡ he badly admonished [reprimanded] me

　　※日本語の「れる」「られる」は英語の受動態に対応するとは限らない。多くの場合受動態はぎこちないので、なるべく能動態で表現する

ように心がける必要がある。それと英語の **scold** は特に大人が子供をしかる時に使うのがもっとも一般的である点に注意。

② I was told to be more attentive to the customers, work more efficiently, and use my brain more by the section chief. ➡ He told me to be more attentive to the customers, work more efficiently, and use my brain more.

　ここも無用の受動態になっている。しかも動作主を表す by the section chief は、この位置では「課長のそばで」の意味にとられかねない。

❺tyle & ❺peech ❶evel

③ on this planet ➡ anyone on this planet

　anyone と on this planet は意味上ひとつのユニットを形成していると考えるのが妥当。したがって両者を切り離すのは不適切。

④ even for very small mistakes ➡ for the smallest mistake you've made

　ここでは small の最上級を使うことで、「どんな小さな〜でも」の意味を表すことができる。この場合のように、時に応じて最上級を使うことで効果的な表現が可能になる。

MODEL ANSWERS

[1] Our section chief is the sort of person who believes he's smarter than everyone else in the world. He doesn't trust his workers at all. Yesterday I got a real telling-off from him. He told me to be more attentive to the customers, work more efficiently, and use my brain more. He fusses about every little detail. I sometimes wonder if there is anyone on this planet more fussy and bossy than he is. He'll tell you off badly in public for the smallest mistake you've made. He is totally impossible.

[2] Our section head is convinced that everyone but he is stupid. He thinks none of those working under him is reliable [trustworthy]. Yesterday he bitterly and loudly complained to me that I

CHAPTER 9 結論は先に書く

failed to pay enough [proper] attention to customers, and he pressed [pushed] me to use my head more effectively. He is so fussy about trivial things that I'm sometimes tempted to believe he is the most demanding person on earth. If you make one negligible mistake, you'll be badly admonished [reprimanded] in public. He is crazy [an idiot].

EXERCISE

次の日本文に関して以下の (1) ～ (3) の設問に答えなさい。

> ①今年の夏は、久しぶりにイギリスに旅行した。②バーミンガム郊外の小さな町に1週間ほどいて土地の人達とのふれあいを楽しんだ。③おもしろかったのは、日本のことについて「日本は4つの島からなっているというが、お互いに仲はいいのかい」とか、「日本の女性は結婚したら姑には服従しなければならないのかい」などと質問されたことだ。④思いもかけない質問だった。⑤日本の文化や歴史は意外に海外の人々に知られていないようだ。

(1) 結論的性格を持つ文を指摘しなさい。
(2) その文から始めて全文を構成し直しなさい。
(3) その上で、全文を英語に直しなさい。

MODEL ANSWERS

(1) ⑤
(2)

修 正 文

> ①日本の文化や歴史は意外に海外の人々に知られていないようだ。②今年の夏は、久しぶりにイギリスに旅行した。③バーミンガム郊外の小さな町に1週間ほどいて土地の人達とのふれあいを楽しんだ。④おも

87

しろかったのは、日本のことについて「日本は4つの島からなっているというが、お互いに仲はいいのかい」とか、「日本の女性は結婚したら姑には服従しなければならないのかい」などと質問されたことだ。(5)思いもかけない質問だった。

(3)

1 People in other countries seem surprisingly ignorant of Japanese culture and history. Last summer I went to Britain for the first time in years. I enjoyed the local people's company during my one-week stay in a small town not far from Birmingham. One interesting thing was that someone asked me things like: "I understand there are four main islands in Japan. Are they getting along with one another [each other]?" or "Do Japanese wives have to obey their mothers-in-law?" They were unexpected questions.

2 People abroad seem to know much less about Japanese culture and history than you would think they do. Last summer I visited Britain after many years. During my seven-day stay in a small town on the outskirts of Birmingham I had a good time talking to the people there. What I found intriguing was that I got questions like: "I hear Japan has four big islands. Do they get on well with one another [each other]?" or "Do Japanese married women have to do as their mothers-in-law tell them?" Those questions were the ones I had least expected.

Chapter 10
主張は主張しぬく

　日本人話者の意見表明、主張のあり方でよく見られるのは、首尾一貫して自分の意見、主張の正当性に固執するのではなく、正当性の否定を織り込みながら話を続ける、という話法である。たとえば、「この件についての私どもの処置は、あるいは間違っているのかもしれませんが基本的には適切だと思っています」などのような言いまわしは日本語としてごく自然に響く。このように、※正当性、価値等の否定を織り込みながら話を展開するのは、日本語話者による日本語構造によく見られるもので、押し付けがましさを避け、当たりを柔らかにするための一種謙遜にも似た対人関係的配慮の現れと考えることもできよう。
　この CHAPTER では、このような否定含みの日本語的話法と、対照的な英語の文構成のあり方を中心に見ていく。

EXAMPLE 1

①家族の絆を強固に保つ上で、一緒に食卓を囲むことが不可欠ではないだろうか。②しかも、その場合、店屋物やホカ弁の出来合いご飯ではなく、家庭の手作り料理をみんなで食べることが大切だ。③実際には、やはり子供は塾かクラブ活動、お父さんは仕事で遅くなる、という調子で、なかなか家族みんなでご飯を食べることができないのが日本の多くの家庭での実態だろう。④しかし、私の考えはあるいは間違っているかもしれないが、家庭の手作り料理をみんなで楽しく食べることが、家族生活の芯だと思う。

コメント

　この文は、家族の絆の維持のために、母親の手作り料理を家族みんなで食べることが大切なのではないかというひとつの主張をかかげた内容になっている。主張というものは、主張内容をいったん表出したら、あくまで主張しぬくというのが英語的視点からは重要なポイントになるわけだが、この文ではせっかく主張を開陳しながら、④で、「私の考えはあるいは間違っているかもしれない」というように、その主張を自ら否定するような言辞を吐いている。日本語話者による日本語表現にはこのような、自己主張の否定を一部含みながら主張を展開することが散見される。結局このような文章構造のあり方も、断定を避けて、主張を弱めることによって、当たりを柔らかくしようとする、日本的な対人関係的配慮の一環と考えられる。この現象は、語尾で言い切りを避けようとする日本語話者の傾向と一脈通じるものがある。英語的視点からは、間違いと思うのであればはじめから主張しなければよい、ということになる。この日本文を英語で表現する場合、④の「私の考えはあるいは間違っているかもしれないが」ははずすべきである。

CHAPTER 10　主張は主張しぬく

修　正　文

　①家族の絆を強固に保つ上で、一緒に食卓を囲むことが不可欠ではないだろうか。②しかも、その場合、店屋物やホカ弁の出来合いご飯ではなく、やはり家庭の手作り料理を家族みんなで食べることが大切だ。③実際には、子供は塾かクラブ活動、お父さんは仕事で遅くなる、という調子で、なかなか家族みんなでご飯を食べることができないのが日本の多くの家庭での実態だろう。④しかし、私の考えでは家庭の手作り料理をみんなで楽しく食べることが、家族生活の芯だと思う。

添削を要する英訳例

　①I think it is very important to eat with the family to keep strong family ties. ②And they should eat home-made food, not Hokka-Hokka-Tei or dishes delivered by food shops. ③Many Japanese families, however, have troubles in getting together to eat. Children and fathers get home late because of club activities or cram school and work. ④I feel the most important part of one's family life is that the whole family get together and happily eat home-made food together.

GENERAL COMMENTS

　※英語で物事を表現する時に、日本語をそのまま使うなど、日本人にしか理解できないような内向きの(**inward-looking**)表現を使うのは誤り。伝達度を高めるという観点から、英語で物事を表現する時は、表現する側が属する文化(言語、生活習慣等)のことをまったく知らない相手とコミュニケーションをはかる、という仮想的立場をどういう場合でも維持することが重要。

SPECIFIC COMMENTS

Grammar & Usage

② 　Hokka-Hokka-Tei ➡ take-aways [take-outs]
　　Hokka-Hokka-Tei は持ち帰り弁当屋の固有名であって、日本語その

ものであるので、そのままに使うのは、GENERAL COMMENTS で述べた英語で物事を表現する時に必要な '仮想的立場' に反する。

③ have troubles in getting together to eat ➡ have trouble getting together to eat

　一般に have trouble [difficulty] (in) 〜ing の構造では trouble や difficulty は非加算名詞で用いる。また、それに続く 〜ing 形は前置詞の in を省略することが多い。

③ Children and fathers get home late because of club activities or cram school and work. ➡ Children get home late because they study at *juku* or do club activities after school and fathers work late at the office.

　子供と父親をまとめて文の主語にすると、後半の because 以下において、語句のつながりがまったく不明瞭なものになってしまう。

❺tyle & ❺peech ❶evel

① I think it is very important to eat with the family to keep strong family ties. ➡ I think eating with the family is very important for strong family ties.

　引き締まったスタイルを作り出すためには、動名詞主語の構文などを用いた方がよい。

④ I feel the most important part of one's family life is that the whole family get together and happily eat home-made food together. ➡ I feel the essential part of one's family life lies in happy family gatherings when [in which] home-made food is eaten.

　ここでは〈X is that S + P〉のように、補語節の that 節を使うより、〈X lies in + 名詞句〉のように名詞構造を用いる方がより簡潔な文になる。

MODEL ANSWERS

[1]　I think dining with the family is crucial for strong family ties. People should eat home-made food, not fast food or dishes deliv-

ered to the home. Many Japanese families, however, have trouble getting together to eat. Children get home late due to studying at *juku* or doing club activities after school, and fathers work late at the office. I feel the vital part of one's family life lies in happy family gatherings when home-made food is eaten.

2 To keep the family bond strong, it is essential for the whole family to eat together. And eating home-made food, not take-outs or delivered food, should be the point. However, many Japanese families find eating together difficult. This is because children don't get home soon after school — they go to *juku* or do club activities — and because fathers have to work until late at the office. I feel the key to a happy family life is the whole family joyfully eating home-made food together.

EXAMPLE 2

①日本人の学生が英語を書くのがなかなかうまくならない理由のひとつは、英語学習の際、英語を読む作業と英語を書く作業がうまく結びついていないからだと思う。②英語を読む時、読んで内容を理解することばかりに気をとられるから、読んだ英語がほとんど残らないことになるのである。③私の独断と偏見を言うと、英文を読む時に、ある構文や語句をいつか使うために覚えておこうという気持ちで読めば、英作文力は上がるものである。

コメント

この文では③で自己否定的な言辞が使われているので、その部分を省略して以下のように書き改めてみる。

修正文

①日本人の学生が英語を書くのがなかなかうまくならない理由のひとつは英語学習の際、英語を読む作業と英語を書く作業がうまく結びついていないからだと思う。②英語を読む時、読んで内容を理解することばかりに気をとられるから、読んだ英語がほとんど残らないことになるのである。③英文を読む時に、ある構文や語句をいつか使ってやろうという気持ちで読めば英作文力は上がるものである。

添削を要する英訳例

①One of the reasons why Japanese students have difficulty improving their English writing ability is that they fail to combine reading and writing when they study English. ②In reading, they are absorbed in understanding its content, and as a result remember too little of what they read. ③Their English writing ability will surely get better if they attend more to particular structures and phrases and think of using them some time in the future when they read English.

GENERAL COMMENTS

日本語の構造にとらわれ過ぎて、論理的誤りを含んだ英文になっている。

SPECIFIC COMMENTS

Grammar & Usage

① their English writing ability ➡ their writing skills in English
   ※英語では名詞表現に対して限定語句をあまり並列する書き方はよくない。ここでは ability という名詞句に対して3つの限定語句 (their English writing) があるのが、ぎこちない印象を与える。

② they are absorbed in understanding its content ➡ they pay too much attention to what is written
   　　be absorbed in 〜 は「(それ以外のことにまったく注意を払えない程度に)〜に没入する」という意味で、ここではふさわしくない。ま

CHAPTER 10 主張は主張しぬく

た、its content とすると、前に具体的な名詞句（例：book, passage）が必要だが、ここではそれがないので不適切。

② what they read ➡ how things are expressed

下線部は「読んだ英語」の直訳的誤り。このままでは「英語を読む時に内容に気を取られて内容をほとんど覚えていない」という論理的矛盾を表すことになる。ここでは、「どのように物事が表現されているか」と考える。

③ Their English writing ability

①と同様の訂正。

③ and think of using them some time in the future when they read English ➡ for future use

and 以下を節で長々と書くのはぎこちない。また、when they read English はこの位置では think of にかかってしまうので、MODEL ANSWER ① のように if の次に挿入的に置く。

Style & **S**peech **L**evel

① One of the reasons why ➡ One reason

「理由のひとつ」はわざわざ one of the reasons とする必要はない。また reason の次に節を置く場合 why や that は省略可能。

② In reading ➡ When reading

In ～ing はやや形式ばった表現なので When ～ing とする。

MODEL ANSWERS

[1] One reason Japanese students have difficulty improving their writing skills in English is that they fail to combine reading and writing when they study English. When reading, they pay too much attention to what is written, and as a result remember too little of how things are expressed. Their writing skills will surely get better if, when reading English, they attend more to particular structures and phrases for future use.

2   Japanese students don't think of writing English when they read it, and that's why they are poor writers of the language. When reading an English passage, they may try to understand its content, but they rarely attend to how the message is conveyed. I'm sure their writing will improve if they read English from a productive point of view, that is, paying more attention to particular structures and phrases.

EXERCISE

次の日本文に関して以下の (1)～(3) の設問に答えなさい。

> ①海外旅行をする日本人がどのくらいいるとか、英語を話せる日本人の数がどのくらいかということは、日本がどの程度国際化したかを知るための指標としては適切とは言えないと思う。②私の考えは精密ではなく、あるいはまったく間違っているかもしれないが、日本に外国人がどのくらい住んでいるかが、日本がどの程度国際化しているかの指標として妥当なものだと私は考えている。

(1) 自己否定を表している箇所を指摘しなさい。
(2) その部分を削除して、その前後を適切につなぎなさい。
(3) その上で、全文を英語に直しなさい。

MODEL ANSWERS

(1) ②
(2) ②を切り落として全文を以下のように構成してみる。

修正文

> ①海外旅行をする日本人がどのくらいいるとか、英語を話せる日本人の数がどのくらいかということは、日本がどの程度国際化したかを知るための指標としては適切とは言えない。②私の考えでは、日本に外国

CHAPTER 10　主張は主張しぬく

人がどのくらいの割合で住んでいるかが、日本がどの程度国際化しているかの指標として妥当なものであると思う。

(3)

1　The number of Japanese who go abroad or speak English cannot be a good index showing how international Japan is. I think the number of foreigners who live in this country is a better criterion of how international Japan is.

2　The number of Japanese who are traveling abroad or who can speak English does not indicate how international Japan is. In my opinion, the number of foreign people living in this country is a more valid criterion showing how international Japan is.

Chapter 11
現実を指すのか、指さないのか

　日本語でたとえば「タクシーなら10分で空港に着きますよ」という表現がある場合、この文章を見た限りでは、文脈がなければこの場合のタクシーがどこのタクシーとも知れない不特定のもので、英語の不定冠詞に対応するものなのか、すでに決まったタクシーで、たとえば目の前にある現実のタクシーを指して言っているのか判然としない。また、「私は日本で働くのをあきらめる」という日本文も、これ自体では英語の give up working in Japan に対応するのか、あるいは give up the idea of working in Japan に対応するのか判然としない。前者の英文では、日本で働くということがすでに事実として発生しているという現実を前提として、その行為をやめる、すなわち stop working in Japan という意味である。それに対して後者では日本で働くことはいまだ既成事実になっておらず、これから日本で働こうとしているのだが、その考えをあきらめると言っているのであって、英語の場合は両者のうちどちらかで表現することになるので意味のあいまいさはない。※日本語はそれに対して、文の意味の決定が英語の場合よりも文脈（**context**）に依存する度合いが高く、文章だけでは言われていることが事実的（**factual**）なのか非事実的（**non-factual**）なのか不明な場合があるので、対応する英文を考える上で障害になりやすい。この CHAPTER ではこの問題を取り上げて論じてみたい。

CHAPTER 11　現実を指すのか、指さないのか

EXAMPLE 1

「①あなたは消費税アップについてどう思いますか」「②消費税アップは家計直撃ですね。③国の財政状況が悪化しているので税金が上がるのはある程度やむをえないと思いますが、消費税率の引き上げは生活必需品以外にして欲しいですね」

コメント

　現実の場面での会話では、話者相互の予備知識などが有効な文脈（context）として機能することが多いので、EXAMPLE 1 のような会話が現実にかわされたとした場合、意味があいまいということにはなりにくい。しかし、EXAMPLE 1 のような文が、たとえば和文英訳問題として上のような形で提示された場合、述べられていることが factual なのか non-factual か判然としない。つまり、「消費税アップ」と言う時、すでに既成の事柄として「消費税が上がった」と言う事実を指して言っているのか、それともただのお話としての、「もし仮に消費税が上がるとした場合」というような非事実的な内容なのか、この文章を見た限りではわからないのである。①のその種のあいまいさが以下の ②、③ の解釈にも影響を及ぼすことは明白である。つまり、「消費税アップ」が factual ならば「家計直撃」が現実に発生しているのであり、「消費税アップ」が non-factual ならば「家計直撃」も仮定、推量で言われていることになる。

　対応する英文を考えるという観点からは、EXAMPLE 1 に関しては factual か non-factual かが明快になるよう、どちらか一方での修正が可能である。ここでは factual な方向で修正文を作ってみることにする。

修正文

「①あなたはこの 4 月消費税が引き上げられたことについてどう思いますか」「②消費税アップは家計直撃ですね。③国の財政状況が悪化し

ているので税金が上がるのはある程度やむをえないと思いますが、消費税率の引き上げは生活必需品以外にして欲しかったですね」

添削を要する英訳例

①"How do you feel about a consumption tax raise in April?" ②"It's going to directly affect household finances. ③I think we have to accept tax raise to some degree because of Japan's financial situation getting worse in recent years, but the raise of the tax should have been for things other than daily commodities."

GENERAL COMMENTS

名詞句の構造に不自然な箇所がある。また、前置詞のあとの名詞句構造にも問題が見られる。

SPECIFIC COMMENTS

Grammar & Usage

① a consumption tax raise in April ➡ a raise in the consumption tax in April

英語では 3 つ以上の名詞句の並列は原則として避けた方がよい (p. 94 参照)。① の英訳に関しては MODEL ANSWERS のように 2 文に分けて書くやり方もある。

② It's going to directly affect ➡ It directly affects

ここでは 4 月(過去)の消費税アップを受けてすでにそのことが家計を直撃している、と考えて単純現在形で表す。

③ tax raise to some degree ➡ some tax raise

ここでは some (ある程度の) を tax raise に直結する。

③ because of Japan's financial situation getting worse in recent years ➡ because Japan's financial situation has been getting worse in recent years

because of は前置詞句であるから、そのあとには節相当語句を置か

CHAPTER 11 現実を指すのか、指さないのか

ず、単純名詞句（例: because of the heavy rain）を置くようにする。節（主語・述語構造）を従える時は because of ではなく 接続詞 because を用いること。

❺tyle & ❺peech ❶evel

③ I think we have to accept ➡ We have to accept
　日本語が「～と思います」とあるので、I think を用いたと思われるが、＊「～と思う」は断定口調を避けようとする日本語語尾の常套的あり方のひとつで、英訳する必要がない場合が多い。

③ the raise of the tax should have been for things other than daily commodities ➡ raising the tax [the tax raise] should have been for goods other than daily commodities
　ここでは the raise of the tax は間違いではないが、動名詞で表すか、of を使わない名詞句構造の方が簡潔な印象になる。

MODEL ANSWERS

1　"The consumption tax was raised in April. How do you feel about this?" "It directly affects [hurts / hits] household finances. We have to accept some tax raise because Japan's financial situation has been deteriorating in recent years, but raising the tax should have been for goods other than daily commodities."

2　"There was a raise in the consumption tax in April. What do you think of this?" "It does affect the household economy [the family budget]. Some tax raise can't be helped [is inevitable] because the Japanese economy has been getting worse in recent years, but raising the tax [the tax raise] should not have been applied to daily necessities."

EXAMPLE 2

「①あなたは日本の原子力潜水艦保有についてどう思いますか」「②外交的に大変まずいと思いますね。③通常型潜水艦に比べると原子力潜水艦の運動性能は格段に高いので、日本の原子力潜水艦の保有は近隣諸国にとって大きな脅威です。④そのことは日本の国益を考える上で見過ごしてはならない大きな問題です」

コメント

この文章も、①でははたして日本の原潜保有が factual なのか non-factual なのか判然としないため、そのことが②、③、④の解釈に影響を及ぼしている。すなわち、①を factual ととれば、自動的にそれ以下の文も factual として読む必要があるが、①を non-factual ととれば、同じように、自動的にそれ以下は non-factual として読む必要がある。

ここでは現実に照らし合わせて、①を non-factual ということにして、文章全体が明快になるように修正してみる。

修正文

「①あなたは日本が原子力潜水艦を保有するという考えについてどう思いますか」「②外交的に大変まずいと思いますね。③通常型潜水艦に比べると原子力潜水艦の運動性能は格段に高いので、日本の原子力潜水艦の保有は近隣諸国にとって大きな脅威になるでしょう。④そのことは日本の国益を考える上で見過ごしてはならない大きな問題です」

添削を要する英訳例

① "What do you think of the idea of Japan possessing nuclear-powered submarines?" ② "That's awkward from a diplomatic point of view. ③ Comparing with conventional submarines, nuclear-powered ones are much higher in motion performance, so they will threaten

CHAPTER 11 　現実を指すのか、指さないのか

neighboring countries very much. ④We shouldn't overlook this in terms of Japan's national interest."

GENERAL COMMENTS

動詞 compare の用法で一般的によく見られる誤りがある。

SPECIFIC COMMENTS

Grammar & Usage

③ Comparing with conventional submarines ➡ Compared with conventional submarines

　「〜と比較すると」は Compared with 〜 であって Comparing with 〜 ではない。

③ much higher in motion performance ➡ very high in maneuverability

　※〈**Compared with X, S + P**〉の構造の場合、P の部分に比較級を用いない点に注意。

Style & Speech Level

② That's awkward from a diplomatic point of view. ➡ That will be diplomatic suicide for Japan.

　ここでは awkward よりも suicide を使う方が意味的なインパクトがある。また、diplomatic を suicide に直結することで表現が簡略になる。

③ they will threaten neighboring countries very much ➡ they will be an enormous threat to neighboring countries

　ここでは threaten〜 very much はややぎこちない表現。

MODEL ANSWERS

1　"What do you think of the idea of Japan possessing nuclear-powered submarines?" "That will be diplomatic suicide for Japan. Compared with conventional submarines, nuclear-powered ones are very high in maneuverability, so they will be an enormous threat to neighboring countries. We shouldn't overlook this in terms of Japan's national interest."

2　"How would you feel about the idea of Japan having nuclear-powered submarines?" "Diplomatically, that will be an awful choice for Japan. Nuclear-powered submarines are much higher in maneuverability than conventional ones, so they will be a tremendous threat to other countries in the region. This is what we shouldn't neglect in terms of Japan's national interest."

EXERCISE

次の日本文に関して以下の(1)〜(3)の設問に答えなさい。

> 「①あなたは年金カットについてどう思いますか」「②もちろん年金生活者にとってはよいことではありません。③年金以外に一定の収入のある人達にとっては、それほど深刻な問題ではないかもしれません。④しかし私のように年金だけで暮らしているものにとっては、ずいぶんこたえます」

(1) Factual か non-factual か判然としない発端の箇所を指摘しなさい。
(2) その上で、全文を factual な方向に修正しなさい。
(3) その上で、全文を英語に直しなさい。

MODEL ANSWERS

(1) ①の「年金カット」が factual なのか non-factual なのか、この文を見た限りでは判然としない。それによって、**EXAMPLE 1、2** と同様、それ以降の部分の解釈も不明確にならざるをえない。
(2)

修正文

「①あなたは昨年10月からの年金カットについてどう思いますか」

「②もちろん年金生活者にとってはよいことではありません。③年金以外に一定の収入のある人達にとっては、それほど深刻な問題ではないかもしれません。④しかし私のように年金だけで暮らしているものにとっては、ずいぶんこたえるようになりました」

(3)

[1] "What's your opinion about the pension cut last October?" "Of course, that's very bad for pensioners. It might not be such a serious problem for those with income besides their pension, but it has begun to tell on people like me who have no other income but their pension."

[2] "How do you feel about the pension cut last October?" "Clearly, that's terrible for pensioners. It should be OK with people who have income other than their pension, but it's been a huge burden on people like me who depend solely on their pension."

Chapter 12
評価は具体的・分析的に

　たとえば、核戦争の恐怖を描いた映画を見た後で感想を求められたとして、一口コメントだけを求められたとすれば、「こわかった」「悲しくて泣いてしまいました」「人類文明なんてもろいものだと思った」ぐらいでもいいだろうが、ある程度まとまった感想を述べるとなると、単に抽象的な形容詞表現を並べるだけでは、いかにも総合的判断力に欠ける、知性が低い、という印象は免れない。※物事に対する評価を形容詞で表現するのは別に悪くはないが、どうしてそういう評価をしたのかを具体的事例を挙げて分析的に述べるのが、英語で表現する視点からは望ましいと言える。
　この CHAPTER では、具体的な評価表現のあり方について演習する。

•••••• EXAMPLE 1 ••••••

> 「①ひと昔前は考えられなかったことですが、最近では、野球の松井やイチロー、サッカーの中田のように、海外で活躍する日本人スポーツマンが多くなってきています。②あなたはこのことをどう思いますか」
> 「③日本人が海外で活躍することはとてもすばらしいことだと思うし、そういう選手には個人的にあこがれますね」

コメント

　ある事柄に対する評価を求められたり、意見、感想を聞かれたりした時、③のように抽象的な形容表現のみで答えるのは、日本語の環境ではごく一

CHAPTER 12　評価は具体的・分析的に

般的で、取り立てて問題はない。特に若者の話し言葉では「スゲー」「カッコイイ」「カワイイ」などの形容詞的表現のみで、物事に対する印象を述べたりすることがよくあるが、そういう形容詞表現だけでは分析力に乏しく、表現力の貧弱さの現れ、ととられかねない。③は、たとえば次のように言えば、英語に直しても別に違和感はないであろう。

修正文

「①ひと昔前は考えられなかったことですが、最近では、野球の松井やイチロー、サッカーの中田のように、海外で活躍する日本人スポーツマンが多くなってきています。②あなたはこのことをどう思いますか」「③たいへんすばらしいことだと思います。④日本人はもともと自分たちの身体能力に関しては西洋人に対してコンプレックスがあって、自分たちは、たとえばアメリカ人にくらべて体力的には劣っていると思い込んでいますが、⑤私などは、松井やイチローがメジャーで活躍する姿をテレビで見て、日本人も捨てたもんじゃないなと思い、自信と勇気がわいてきますね」

添削を要する英訳例

①"Until about a decade ago it was almost unthinkable, but these days more and more Japanese athletes are doing excellent works in a foreign country. ②Two baseball players, Matsui and Ichiro, and a soccer player Nakata are good examples. What do you think of this?" ③"I think it's great. ④Traditionally, the Japanese have had an inferiority complex to Westerners in terms of physical strength, and the Japanese assume that, for example, they are weaker than Americans physically. ⑤But when I see on TV that Matsui and Ichiro are playing well in Major Leagues, I feel Japanese are not too bad, and I become confident in myself and feel encouraged."

GENERAL COMMENTS

人名の表記の仕方で注意すべき点がある。また、修飾語と被修飾語（係り

受け)の位置についても注意すべき点が散見される。

SPECIFIC COMMENTS
Grammar & Usage

① doing excellent works in a foreign country ➡ doing excellent work [jobs] abroad

　※英語のworkは「仕事」の意味では非可算名詞である点に注意(「作品」の意味ではworkは可算名詞扱い)。ここでは「海外で」は複数の国を意味するのでin foreign countriesかabroad [overseas] を使う。

④ the Japanese have had an inferiority complex to Westerners ➡ the Japanese have felt inferior to Westerners

　inferiority complexは精神医学の専門用語で日常的表現ではなく、あとにto以下を接続するのは文法的に疑問。

④ that, for example, they are weaker than Americans physically ➡ they are physically weaker than, say, Americans

　ここでは「たとえば」はAmericansに直接かかるように置く必要がある。sayはfor exampleの意味があり、修飾する名詞句の直前に置かれることが多い。

Style & Speech Level

② Matsui and Ichiro, and a soccer player Nakata ➡ Hideki Matsui and Ichiro Suzuki, and a soccer player Hidetoshi Nakata

　※はじめて人名を出す時は、歴史的によほど有名な人物(たとえばBeethoven)でない限りはフルネームで書いた方がよい。

⑤ that Matsui and Ichiro are playing well in Major Leagues ➡ how well Matsui and Ichiro are playing in Major Leagues

　※〈how + 形容詞・副詞 + S + P〉の節を動詞の目的節として置くと英語らしい構文になる。

MODEL ANSWERS

[1] "Until about a decade ago it was almost unthinkable, but these

CHAPTER 12　評価は具体的・分析的に

days more and more Japanese athletes are doing excellent jobs abroad. Two baseball players, Hideki Matsui and Ichiro Suzuki, and a soccer player Hidetoshi Nakata are good examples. What do you think of this?" "I think it's great. Traditionally, the Japanese have felt inferior to Westerners in terms of physical strength, and the Japanese assume they are physically weaker than, say, Americans. But when I see on TV how well Matsui and Ichiro are playing in the Major Leagues, I feel Japanese are not too bad, and I become confident in myself and feel encouraged."

2　"Very few people must have imagined a decade ago that in the near future an increasing number of Japanese athletes would be successful overseas. Among them are two baseball players Hideki Matsui and Ichiro Suzuki, and a soccer player Hidetoshi Nakata. What's your opinion about this?" "How wonderful it is! Since ancient times the Japanese have had a fixed notion that they are physically inferior to the people in the West, and they assume they are not as strong as Americans, for example. But when TV shows us Matsui and Ichiro, those excellent Major Leaguers, I'm tempted to believe in the high potentiality of the Japanese. This encourages me and cheers me up."

EXAMPLE 2

「①日本は今や世界一の長寿国家になりましたが、あなたはこのことをどう思いますか」「②すばらしいことだと思います。③それだけ日本人が健康に注意して日々過ごしているということで、大変結構なことだと思います。④ただ寝たきり老人が多くなってきているのは困ったことです」

109

コメント

②以降は皮相な感想にすぎないという印象がある。もう少し分析的な感想を以下に示してみる。

修正文

「①日本は今や世界一の長寿国家になりましたが、あなたはこのことをどう思いますか」「②それは日本の医療技術、食品衛生レベルが高く、日本人の健康に対する意識が高いということで大変結構なことです。③ただ、今後ますます増えると予想される寝たきりの高齢者の介護の問題などの、重大な社会問題があり、④長寿国家であることを手放しで喜んでもいられないという感じです」

添削を要する英訳例

①"Japan has now achieved the longest life span throughout the world. How do you feel about this fact?" ②"It's an excellent thing; it means that medicine and food hygiene have remarkably improved in Japan, and that the Japanese are very keen to stay healthy. ③But, there are some serious problems facing us, such as the problem of taking care of bed-ridden elderly people, who are expected to increase in the future. ④Such a thing discourages us from feeling pleased that, nowadays, so many Japanese live longer than ever before."

GENERAL COMMENTS

英語学習の際、ある英語表現に対して無反省に決まりきった日本語を当てはめてきたような学習歴がわかる英文になっている。

SPECIFIC COMMENTS

Grammar & Usage

① throughout the world ➡ in the world

副詞である all over the world や throughout the world は「世界のありとあらゆる場所に［で］」の意味で用いられる（例: travel all over the world)。それに対して in the world は「世界の中で」という意味（例：the most expensive car in the world）。両者の区分けをよく理解すること。

③ But, ➡ But

※接続詞 **but** のあとには、挿入語句が置かれる場合は別として、通例コンマを置かない。

③ such as the problem of taking care of bed-ridden elderly people ➡ such as how to take care of bed-ridden elderly people

ここでは既出の the problem をくり返す必要はない。

③ increase in the future ➡ increase in number

「数が増える」という場合、increase だけでは不可。Number を伴う必要がある（pp. 14–15 参照）。

❺tyle & ❺peech ❻evel

① this fact ➡ this

ここで fact は冗長。this だけで十分。

② ; it ➡ . It

ここではセミコロンを使っても可だが、ピリオドでセンテンスを切り離した方が簡潔になる。

④ Such a thing ➡ This

「そういったこと」と考えて such a thing を使ったものと思われるが、ぎこちなく響く。

④ feeling pleased ➡ feeling delighted

「喜ぶ」は pleased よりも delighted が強い喜びを表すので、手放しで喜ぶという意味を出すには、delighted の方がより適切。

MODEL ANSWERS

[1] "Japan has now achieved the longest life span in the world. How do you feel about this?" "It's an excellent thing. It means that medicine and food hygiene have remarkably improved in Japan, and that the Japanese are very keen to stay healthy. But there

are some serious problems facing us, such as how to take care of bed-ridden elderly people, who are expected to rise in number. This discourages us from feeling delighted that, nowadays, so many Japanese live longer than ever before."

2 "The Japanese now live longer than any other people in the world. How do you assess this?" "It's really great. What it means is that medical techniques and food hygiene are much improved. There is a tendency toward maintaining better health. But our society is troubled by [suffering from] many problems, one of which is how to deal with the increasing number of aged people who have to stay in bed. Considering this, we are far from being happy that we can live very long these days."

EXERCISE

次の日本文に関して以下の (1)〜(3) の設問に答えなさい。

> 「①毎年 2000 万人近い日本人が海外に出かけているという事実をどう思いますか」「②別に悪くはないと思います。③日本にばかりいるとなかなか国際感覚が身につかないので、機会があればどんどん海外に行って視野を広げるといいと思います」

(1) 評価表現が具体性に乏しい箇所を指摘しなさい。
(2) その上で、修正を施しなさい。
(3) その上で、全文を英語に直しなさい。

MODEL ANSWERS

(1) ②, ③

(2)

修正文

「①毎年2000万人近い日本人が海外に出かけているという事実をどう思いますか」「②別に悪くはないと思います。③日本にばかりいると日本的な価値観しか身につかないことになりがちです。④しかしほんの少しのあいだでも海外に出ると、違ったものの見方が身につくし、視野を広げられると思います。⑤ただ団体で動き回るのは得るところが少ないですから、できるだけ、個人的に動いて土地の人達に接するのがいいと思います」

(3)

1 "Each year, almost twenty million Japanese are going abroad. How do you feel about this?" "It's not a bad thing. You tend to have only Japanese values if you stay in Japan all the time, but going to other countries, even just for a while, will help you develop different viewpoints and broaden your horizons. The point is that you should go by yourself and try to talk to the local people as much as possible. Traveling in groups is hardly beneficial."

2 "Nearly twenty million Japanese travel overseas every year. What do you think about this?" "It's a good thing. If you never go outside Japan, you'll have only Japanese values, but by going abroad, even for a few days, you'll be able to see things differently and widen your perspectives. What counts is that you go alone and take every opportunity to communicate with the locals. You should know that you'll learn very little from group tours."

Chapter 13
まわりくどい表現

　※日本語は英語に比べて、直接的な表現を避けるためのさまざまの言語的手段があることを指摘することが本書のねらいのひとつであるが、このCHAPTERでは、いわゆる'まわりくどい表現'にスポットライトを当ててみる。日本語では、たとえば、「明日そちらに伺う予定でしたが」と言えばすむところを、「明日そちらに伺うというような予定でいたわけなんですけれども」と言うこともできる。前者に比べて後者は、なんとなく相手の顔色を見て恐る恐る話しているような、対人関係的配慮を色濃く反映している表現である。日本語文化の視点からは、このような冗長なものの言い方は必ずしも不適切、ということにはならないであろう。このような持って回った言語行為のあり方と、たとえば昔の室町礼式には一脈通じるものがある。室町風の作法によれば、将軍家のような貴人の御前にまかり出る時は、まっすぐに歩み寄るのではなく、にじり寄る、といった感じで、足が萎えたごとくためらいがちに歩を進ませることで、あまりの恐れ多さに足が前に進まない風情をかもし出すことが礼にかなうとされた。

　※英語的視点からは、冗長さ（**redundancy**）は、対人関係的配慮であれ何であれ、一般的に価値が高いものではなく、簡潔な表現こそ望ましいとされる。そのような観点から、このCHAPTERでは日本語的冗長さが英語的観点と相容れないものであるということを見ていきたい。

CHAPTER 13 まわりくどい表現

EXAMPLE 1

①世界のいろいろな国の中で日本人ほど健康で長生きすることに関心の深い国民はまずちょっと見当たらないような感じがするのは私だけだろうか。②現在市場に出まわっているおびただしい種類の健康食品、健康ドリンクを見れば、われわれ日本人がどれほど健康と長生きに対してのこだわりが深いかということがよく理解できるというふうに思える。③もちろん、健康で長生きすること自体というものは結構なことで、別にとりたてて悪いというようなものではないとは言えるが、そのこと自体が生きる目的になってしまっているような場合が多いのは、いかがなものだろうかと思う次第である。

コメント

英文であれ、日本文であれ、文章にはある程度冗長な(redundant)要素が混じっているものだが、この文章には、削除しても実質的な意味に何の変化も及ぼさないと思われる冗長な表現がかなり見られる。「～というふうに」「～のような」「～というものは」「(なって)しまっている」「～と言える」などが、全体を冗長にしている主な原因である。※一般的に、日本語は**直截的な表現よりも、遠まわし的でぼかしの入った表現が多くなる傾向がある**。しかしながら、上記のような'言葉のクッション'が多く見られるということは、言語としての日本語自体の特性というよりは、その使い手である日本語話者の性向と考えられるものであって、日本語でも持って回った言い方ではなく、直接的な表現は十分可能である。以下に、英訳しやすい日本文という観点から、より妥当と思われる文章を提示してみる。

修正文

①日本人ほど健康で長生きすることに関心の深い国民は他にほとんど見当たらない。②現在市場に出まわっているおびただしい種類の健康食品、健康ドリンクを見れば、日本人がどれほど健康と長生きにこだ

わっているかが理解できる。③もちろん、健康で長生きすること自体は結構なことで、別に悪くはないが、そのこと自体が生きる目的になっている人が多いのは良いことなのかどうか考えてしまう。

添削を要する英訳例

①Very few nations are as concerned with keeping health and living long as the Japanese. ②Looking at the great variety of health food and semi-medicinal drinks that are on the market, we understand how greatly they are obsessed with a long and healthy life. ③It is very nice to enjoy a long life in good health, but I wonder if it is desirable that, for so many Japanese, it is something they live for.

GENERAL COMMENTS

〈How + 形容詞・副詞 + S + P〉の構造で注意すべき点がある。また分詞の用法についても適切さに欠ける。

SPECIFIC COMMENTS

Grammar & Usage

① concerned with keeping health and living long ➡ concerned with how to stay healthy and live long

　「健康を保つ」を keep health とするのは直訳的英語。それと、ここでは with 以下は動詞の ing 形を直結するのではなく、how to do の形を接続することでもっと具体的な表現になる。

② Looking at the great variety of health food and semi-medicinal drinks that are on the market, we understand ➡ If you take a look at the large variety of health food and semi-medicinal drinks available on the market, you will see [understand / realize]

　ここでいわゆる分詞構文を使うのは適切とは言えない。※本来、分詞構文は同時進行する状況、あるいは同時に存在する異なった事柄を描写する時に用いるのが最も自然(例: John walked on the street, singing merrily)。ここではそのような状況ではなく、「～すれば～する」

CHAPTER 13　まわりくどい表現

という条件と帰結の論説であるので、分詞構文はふさわしくない。また帰結の部分の we understand は、まず主語の we が特定の集団を示唆する可能性が高く（p. 177 参照）、一般人称としてふさわしくない。さらに、動詞には will を伴う必要がある。

② how greatly they are obsessed with a long and healthy life ➡ how obsessed they are with a long and healthy life

　　※**how** の次の構造に要注意。ここでは obsessed そのものが程度を表す（gradable）形容詞と考えられるので、わざわざその他の副詞と how を結びつけるのではなく、how obsessed の形にする。

ⓢtyle & ⓢpeech ⓛevel

③ It is very nice to enjoy a long life in good health ➡ Enjoying longevity in good health is very nice in itself

　　③はこのままでは仮主語の構文が目立つので、動名詞主語の構造にして構文のバラエティを出すようにする。また、long life もくり返し使われているので、やや語彙レベルは高いが longevity を使って構文のバラエティを心がける。

③ it is something they live for ➡ it is exactly what they live for

　　※**something** と what の関係は不定冠詞 a［an］と定冠詞 the の関係に似たものがある。ここで something を使うと、他にも生きる目的はあるが it（= longevity in good health）もそのひとつ、といった意味合いになる。それに対して、what を使うと、it こそが生きる目的でそれ以外はない、という定冠詞的な限定の意味合いが出る。さらに、この what の前に exactly を置くことで、限定の意味合いが一層強められる。この場合は what で表す方が原文の意に添ったものになる。

MODEL ANSWERS

[1]　Very few nations are as concerned with how to stay healthy and live long as the Japanese. A glance at the great variety of health food and semi-medicinal drinks that are on the market will show you how obsessed the Japanese are with a long and healthy life.

Enjoying longevity in good health is very nice in itself, but I wonder if it is desirable for so many Japanese to make that their sole purpose.

2. The Japanese are more interested in living a long and healthy life than most other nations. If you take a look at the large variety of health food and semi-medicinal drinks available on the market, you will see that living long in good health [shape] is an obsession for them. No one doubts the value of a long and healthy life, but is it reasonable to make it the purpose of life, as many Japanese do?

・・・・・・・ **EXAMPLE 2** ・・・・・・・

> ①このあいだテレビを見ていたら、日本のある大企業の社長が言っていたことが大変興味深いことのように感じられた。②その人が言うところでは、いわゆる日本の経済界がもっとダイナミックな、活力にあふれたものになっていかない、つまり経済界の活性化を阻んでいる障壁、規制となっているのは成功神話から抜け出せていない一部の企業人の意識だと言う。③ずっとこのやり方でうまくやってきたんだから、今さら何も変える必要はないじゃないかという意識が一番邪魔だと言う。

――――― コメント ―――――

特に①と②の部分で「ことのように」「ところでは」「いわゆる」など、省略しても実質的な意味の変動を何らもたらさない冗語が多く使われており、主語・述語の構造が冗漫ですっきりしていないので、simple English に転換しやすくする意味で以下のように書き換えてみる。

CHAPTER 13　まわりくどい表現

修正文

①このあいだテレビで、ある大企業の社長が大変興味深いことを言っていた。②彼が言うには、日本の経済界の再活性化を阻んでいる大きな障壁は、過去の成功神話から抜け出せていない一部の企業人の意識だと言う。③ずっとこのやり方でうまくやってきたんだから、今さら何も変える必要はないじゃないかという意識が一番邪魔だと言う。

添削を要する英訳例

①The other day a leading company's president said something very interesting on TV. ②According to him, he said that a big stumbling block impeding the revitalization of the Japanese economy is the awareness of some businessmen who don't forget their successes in the past. ③The president pointed out that the biggest problem is their consciousness that they see no need to change anything, because they believe that their ways of doing things have proved successful.

GENERAL COMMENTS

日本語の「意識」の処理が適切でない。強引な同格構造を作らないように注意する必要がある。

SPECIFIC COMMENTS

Grammar & Usage

② According to him, he said that ➡ According to him,
　※日本語の「〜よれば」は **according to**〜で表すことができるが、**according to**〜の中に発話動詞の意味（言う、発言する）が含まれている点に注意。

② the awareness of some businessmen who don't forget their successes in the past ➡ the way some businessmen dwell on their glorious successes in the past

名詞 awareness は知識や認識能力などを指すのが一般的。例：raise awareness about AIDS（AIDS についての認識［知識］を高める）

③ their consciousness that they see no need to change anything ➡ that they see no need to change anything

　英語の consciousness は生理的意味で「覚醒している状態」を指す言葉なので、ここではふさわしくない。また、consciousness は同格節をあとに従えることはできない。

❺tyle & ❺peech ❶evel

③ The president pointed out that the biggest problem is ➡ The biggest problem, the president pointed out, is

　③ はそのままでも別に問題はないが、接続詞の that をひとつ減らすためにも the president pointed out を挿入の形にする方がよい。

③ because they believe ➡ believing

　※接続詞をあまり頻繁に使わないようにすることで、簡潔な印象が生まれる。ここでは because という因果関係明示型の接続詞を使うとやや小うるさい感じになるので、分詞を使ってでゆるやかな接続にする。

MODEL ANSWERS

1　The other day a leading company's president said something very interesting on TV. According to him, a big stumbling block impeding the revitalization of the Japanese economy is the way some businessmen dwell on their glorious success(es) in the past. The biggest problem, the president pointed out, is that they see no need to change anything, believing that their ways of doing things have proved successful [reasonable / profitable].

2　A few days ago, a big company's chairman said a very interesting thing on TV. He argued that a major factor preventing the Japanese economy from recovering is some businessmen's preoccupation with their great success(es) in the past. In his opinion, the most serious problem is that they don't recognize any need for change because they are firmly convinced of the superiority of their ways.

EXERCISE

次の日本文に関して以下の (1) 〜 (3) の設問に答えなさい。

> ①何年か前にある作曲家が何かのテレビ番組で言っていたことが、ある意味でとてもおもしろかったような気がする。②それは自分がたとえば何かの曲を書いたとして、その曲がヒットするかどうかはリハーサルの時に大体のところは予測できるらしい。③どういうことかというと、ヒットする曲はリハーサルの時に作曲家、歌手、それにバンドの連中が盛り上がってきて、何かお祭り騒ぎのようになる、というようなことを言っていた。

(1) 冗長な箇所を指摘しなさい。
(2) それらの箇所を除去しなさい。
(3) その上で、全文を英語に直しなさい。

MODEL ANSWERS

(1) ①「ある意味で」「気がする」、②「らしい」、③「というようなこと」
(2)

修正文

> ①何年か前にある作曲家がテレビ番組でおもしろいことを言っていた。②彼は、自分が書いた曲がヒットするかどうかはリハーサルの時にわかる、と言う。③リハーサルの時に作曲家、歌手、それにバンドの連中が盛り上がってきて何かお祭り騒ぎのようになると、その曲はヒットするらしいのである。

(3)

⟦1⟧ A few years ago, a composer mentioned [said] something intriguing on TV. He claimed he could tell at the time of the rehearsal whether his new song would be a big hit or not. When the composer, the singer, and the band all got excited and the rehearsal became just like a festival, he said, the song would surely be a hit.

⟦2⟧ A few years ago, a composer said an intriguing thing on TV. Whether his new song would be a box-office success or not, he said, was evident when the rehearsal was taking place. When all people concerned — the composer, the singer, and the band — got enthused and a festive mood governed the rehearsal, the song would undoubtedly be a success.

Chapter 14
英語になじまない謙遜表現

※日本語にはそのまま英語で表現するのは不適切と思える、謙遜、自己卑下的表現が数多くある。「うちのバカ息子の健太です」「何もありませんが、どうぞお召し上がりください」「まったく気のきかない家内でして」「はじめてで何もわかりませんので、どうぞよろしくお引きまわしください」その他、語彙レベルでも、「拙著」、「拙論」、「拙宅」、「不肖」「愚見」「浅学非才」など、枚挙に暇がないほどである。このような表現に接していると、日本文化というのはよほど、自己の長所美点を高らかに打ち出すことがやりづらい環境のように思われる。このように自己、または自己に近い人をおとしめて表現するのは、対人関係的配慮として、無用の反感、嫉妬を避けるための処世術としての一面があるのであろう。

この CHAPTER では日本的な謙遜、自己卑下的表現が英語的発想になじまないということの認識を新たにするのがねらい。

EXAMPLE 1

①今日から新しい人生の旅立ちになるわけですが、両人ともまだ年端もいかず、未熟者同士で、一人前の夫婦になるにはまだまだ長い年月が必要だと思います。②なにかとお世話をおかけすることになると存じますが、どうぞ温かいお心で末永くご指導ご鞭撻のほどをよろしくお願いいたします。

コメント

　この日本文は結婚披露宴で新郎新婦の恐らく親が、スピーチの中で結婚したての若い2人のことを、よろしくお願いします、というふうに列席者に挨拶をする時の典型的な内容になっている。これはいかにも日本的な美徳であるへりくだりのニュアンスが色濃く出ている例である。親にとっては自分の息子、娘はいわば自分の分身のようなものであるため、このスピーチは一種の自己卑下ととらえることもできよう。しかし字義どおりとれば、この日本文の内容は、若い2人が人格的にいかに未熟で社会のお荷物であるか、取るに足らない人間であるかを満座の中で暴露しているような、誹謗中傷ともとれるものであるので、これをこのまま英語に直すことは文化的観点からは避けるべきである。英訳するにふさわしい、この日本文の代案を以下に示してみる。

修正文

①この若い2人は私の誇りです。また私の希望でもあります。②Johnの母親、つまり私の妻のFionaも天国できっと私と同じ気持ちでしょう。③正直に言いますと妻をなくしてからしばらくのあいだ、人生の暗い面ばかりを意識するようになり、生きる希望がだんだんと薄れていくようでした。④しかしJohnとRebeccaが2人で力を合わせて、建設的で、前向きに生きて行こうとする姿を見て、私は再び生きる希望がわいてきました。⑤この2人の強い愛の絆こそ、私の生きる力であり、光なのです。⑥神よ、この若い2人に祝福を与えたまえ。

添削を要する英訳例

①This young couple is my pride and my hope. ②My firm conviction is that my wife Fiona — God rest her soul — thinks just like me. ③To tell the truth, I had been getting hopeless for a while since she passed away, because I looked only at the dark side of life. ④But I can get back the power to live when I saw John and Rebecca helping each other and living together constructively and positively. ⑤The bond of love is the very power and source of my life. ⑥God bless these two young couple.

GENERAL COMMENTS

　全体的に論理 (logic) と時制 (tense) の混乱が見られる。特に③については因果関係の把握の仕方に問題があり、④については過去形、現在時制の使い方に問題がある。

SPECIFIC COMMENTS

Grammar & Usage

③　I had been getting hopeless for a while since she passed away ➡ I was hopeless for a while after she passed away
　　ここでは全体的に過去と現在の対比が出れば十分で、過去完了を織り交ぜて複雑な時制構成にする必要はない。

③　because I looked only at the dark side of life
　　このままでは、「人生の暗い面を見たことが原因で、希望が薄れた」という因果関係表示になってしまい、実態と合わない。ここでは「妻の死」が原因で「暗い面を見るようになり」また「生きる希望が薄れた」という原因と結果の把握の仕方がより適切である。MODEL ANSWERS のように、2つの結果は並列的に書く必要がある。

④　But I can get back the power to live ➡ But I got back the power to live
　　後半の when 以下と時制を合わせる必要がある。

⑤　The bond of love is the very power and source of my life.
　　ここで The bond としても、定冠詞が何を指すのか明快でないので、MODEL ANSWERS のように具体的に書く必要がある。

Style & Speech Level

②　My firm conviction is that my wife Fiona — God rest her soul — thinks just like me.
　　my firm conviction はやや形式ばった表現 (特に conviction という

抽象名詞が重く響く)。ここは推量を表す動詞 suppose を使うか、助動詞 must を使って MODEL ANSWERS のように表現する方がよい。

MODEL ANSWERS

1. John and Rebecca are my pride, and my hope. I suppose Fiona — I mean, John's mother and my wife — feels the same way in heaven. To be honest, for some time after Fiona died, I looked only at the gloomy aspect of life, and my hopes dwindled away. But seeing how close John and Rebecca have become and how they try to live in a constructive and positive way, I now feel my hopes revived. The very strong love between these two young people is my strength and my light. God bless John and Rebecca.

2. I'm very proud of this young couple. They are my hope. My wife Fiona must be feeling exactly the same in heaven. To be frank, I saw only the dark side of life for some time after my wife's death, and I became less and less motivated to live. It was John and Rebecca who gave me a new hope to live. No two people are closer to each other than they are, and they are doing all they can to live in an active and positive way. Their ardent love is my power and light. God bless this new couple.

CHAPTER 14　英語になじまない謙遜表現

EXAMPLE 2

　①私は、日本の京成大学英語学科で英文法・意味論を学びました。②大学時代はあまり勉強もせず、なんとか卒業できてホッとしてます。③今回こちらの英語学科マスターコースで学ぶことになったわけですが、私が今やりたいと思っているのは、日本語・英語の時制表現の対照研究です。④日本語の文法は複雑過ぎて好きじゃありませんから、途中で気が変わるかもしれませんが、とりあえずはそのつもりでいます。⑤まだ英語力が十分でないので、こちらでちゃんとマスターがとれるかどうかあまり自信がありません。⑥でもあこがれのアメリカに来たことだし、がんばれば何とかなるのではと楽観的に考えるようにしています。

コメント

　この文章の状況設定は、日本の大学を卒業したあと、アメリカの大学のマスターコースに席を置いたばかりの日本人学生が、コース開講時に担当教官、同級生を前に自己紹介をしている、といったところである。全体的に、日本的な謙遜と自己矛盾・自己卑下が目立つ内容になっている。このままでは担当教官や同級生は、はたしてこの学生は本当にやる気と能力があるのか大いに疑うであろう。
　まず①、②は自分の専門分野で特にどういうことに関心があって何をしたかを、手短でよいから具体的に述べておくべきである。③から④への連結という観点から言うと、ある事柄をやりたいと言っておきながら、それは、あるいはそれの一部は好きじゃないと言うのは一種の自己矛盾である。やりたいと言うからには当然のこととして、その事柄に対する関心、もしくは愛着があるはずだからである。⑤は典型的な日本的謙遜で、自分の能力の低さをことさらに強調する言い方だが、英語文化的発想から言えば、それほど自信がないならばはじめからやらないほうがいいのでは、ということになる。要するに、この文章の内容は自己アピールすべきものとしては、

はなはだ不適切であって、英語で表現する内容という観点から、以下により適切な文章を代案として提示してみる。

修　正　文

①私は、日本の京成大学英語学科で英文法・意味論を学びました。②英文法を学びながら、日本語と英語の、特に時制表現のあり方の違いを非常に興味深く感じました。③今回こちらの英語学科マスターコースで学ぶことになったわけですが、私が今やりたいと思っているのは、日本語・英語の時制の対照研究です。④日本の大学でやったことをさらに掘り下げ、この対照研究を通じて日本人と英語国民のもののとらえ方の違いの一端を明確にしたいと考えています。

⑤日本にいる時は、まわりから英語オタクと言われるほど熱心に英語をやってきたので、自分の英語には自信があります。⑥だから今後、このマスターコースでの研究、またあこがれのサンフランシスコでの生活が楽しみで仕方ありません。

添削を要する英訳例

①I studied English grammar and semantics at the Department of English at Keisei University in Japan. ②As I learned about English grammar I found it particularly interesting to see the difference in tense expressions between English and Japanese. ③Now I am at the MA course in this department, and I'd like to do a contrastive research of tense between English and Japanese. ④I hope to make a further research of what I've already done in Japan, and reveal the difference between the Japanese and English-speaking peoples' way of thinking and feeling.

⑤I'm sure my English is good enough. In Japan I studied English so hard that people called me an English maniac. ⑥I do hope to enjoy the course work and my life here in San Francisco, which I've long wanted to visit.

CHAPTER 14　英語になじまない謙遜表現

GENERAL COMMENTS
全体的に、名詞表現に関する数 (number) のとらえ方に問題が多い。

SPECIFIC COMMENTS

Grammar & Usage

② the difference in tense expressions between English and Japanese ➡ the differences in verb tense expressions between English and Japanese

「違い」を the difference とすると、1つの、特定の相違点だけを指すことになる。一般的、また実際的には「さまざまな相違点」である可能性が高いので、ここでは複数形の方が適切。また tense expressions とすると、「緊張した」という tense の別の意味にとられかねないので、ここでは verb tense expressions とする。

③ a contrastive research of ➡ a contrastive study of [contrastive research into / in]

英語の research は通例非可算名詞扱いである点に注意 (p. 6 参照)。

④ make a further research of ➡ make a further study of

ここも ③ の場合と同様、research を可算名詞扱いにするのは誤り。

④ the difference between the Japanese and English-speaking peoples' way of thinking and feeling ➡ some differences between the Japanese and English-speaking peoples in the way they think and feel

まず difference は ② の場合と同様の理由で複数形にする。また way of thinking and feeling は、特にこの場合のように主語が複数の場合 ways とすべきであるが、それよりも 〈the way S + P〉 の構造の方がより自然な表現。

Style & Speech Level

③ I'd like to do ➡ what I'd like to do is

※常に英文の構造を単純な 〈S + P〉 の形にするのではなく、状況によっては 関係詞 what を用いた擬似強調構文の形にすることで表現のメリハリがつく。

⑥ which I've long wanted to visit ➡ which I've wanted to visit for such a long time
副詞 long を動詞に直結する形で置くのは形式ばった表現。

MODEL ANSWERS

1 I studied English grammar and semantics at the Department of English at Keisei University in Japan. As I learned about English grammar what I found particularly interesting was the differences in verb tense expressions between English and Japanese. Now I am at [in] the MA course in this department, and what I'd like to do is a contrastive study of tense between English and Japanese. I hope to make a further study of what I've already done in Japan, and reveal some differences between the Japanese and English-speaking peoples in the way they think and feel.

   I'm sure my English is good enough. In Japan I studied English so hard that people called me an English maniac. I do hope to enjoy the course work and my life here in San Francisco, which I've wanted to visit for such a long time.

2 I majored in [took] English grammar and semantics at the Department of English at Keisei University in Japan. In terms of English grammar, my special interest was how tense is expressed in English and Japanese. What I intend to do at [in] the MA course here is make [carry out] contrastive studies [research] into tense in the two languages. My purpose is to throw light on how the Japanese and English-speaking peoples differ in the way they think and feel. I plan to do this by making a more detailed [advanced] study of what I did in Japan.

   I think I have a good command [knowledge] of English. When I was in Japan, I spent such an enormous amount of time and

CHAPTER 14 英語になじまない謙遜表現

energy learning English that people called me an English maniac. I'm really looking forward to studying here at this university and living in San Francisco, where I've wished to stay for ages.

EXERCISE

次の日本文に関して以下の (1)～(3) の設問に答えなさい。

(状況：学会終了後の懇親会場での挨拶)
　①こんばんは。ただいまご紹介にあずかりました九州太郎です。②私のような者がこのような高いところから皆様方にスピーチをするのは僭越ではありますが、しばらく私の下手な英語を我慢してください。
　③本日の研究大会は非常に盛会で、今後の日本の英語教育にとって示唆的な内容を多く含んだ、極めて有益な大会であったと確信しております。④私は大学の教壇に立って 30 年になりますが、今回あらためて教えられたところが多くありました。⑤今回の大会で受けた知的刺激を大事にして、今後も勉強していきたいと決意を新たにしております。
　⑥それでは皆様方のご健康と JEA のますますの発展を祈念しまして、乾杯の音頭をとらせていただきます。⑦乾杯！

(1)　謙遜・自己卑下が目立つ箇所を指摘しなさい。
(2)　(1) の箇所に修正を加えなさい。
(3)　その上で、全文を英語に直しなさい。

MODEL ANSWERS

(1)　②
(2)　②の文だけでなく、③～⑤も内容の平板なトークなので全体を以下のように修正してみる。

修 正 文

①Fowler 先生、ご紹介ありがとうございます。②私のことをずいぶんと褒めていただきましたが、仕事のことで褒めてもらうのはいつでもうれしいものです。③本当はもっと褒めてもらいたかったくらいです。

④さて、皆様の前にはあれこれご馳走が並んでいるので、この中年男が話を終わり次第、まずどこから攻めようかとすでに作戦を練り上げておられると思います。⑤実は私もそれなりに考えています。⑥そこで手短に言いますが、JEA の学会としての特徴は理論と実践の健全なバランスにあると思います。⑦実際本日の研究発表を聞いてあらためて、本学会にはバランス感覚に富んだ有能な方が多いと感じ、大いに心強く思いました。⑧理論と実践、どちらに偏りすぎてもちょうど甘すぎる、あるいは逆にしょっぱすぎるミネストローネのようになって、いただけません。

⑨おなかがすいているせいか、どうも話が料理に落ちてしまうようなので、この辺で乾杯といきましょう。⑩それでは皆様のご健康と JEA の永遠の発展を祈念して乾杯！

(3)

1 Thanks very much, Professor Fowler. You said lots of nice things about me. Professional compliments are always pleasing. But just one thing: you could have praised me more.

Now, right in front of you are a lot of dishes that look very good. What do you plan to do with them? All of you must be carefully thinking about which dish to attack first as soon as this middle-aged man finishes his speech. Me, too, so I'll be brief. I believe the most salient feature of JEA is its fantastic balance between theory and practice. Actually, the presentations that I listened to today made me feel how well-balanced and brilliant all of you are. Nothing could be more encouraging. Neither too much theory nor too much practice is good, just as minestrone that is too sweet or too salty is something you wouldn't want to try.

Sorry, my little speech has ended up with things about food, perhaps because I'm starving. It's time for a toast. Now, to your health and the eternal development of JEA. Cheers!

2 Thanks a lot, Professor Fowler. I'm very pleased to hear so many nice things about me. A good word for one's work is always welcome. If only you had said more nice things about me.

Now, you see right in front of you a variety of dishes that look delicious. You must be pondering which one to pounce on first the moment this middle-aged man's speech is over. Me, too, so I'll take just a moment of your time. I believe JEA is most distinctly characterized by its excellent balance between theory and practice. As I listened to your presentations today, I was very impressed with, and very encouraged by, the high intelligence and good balance all of you are blessed with. Excessive theory is just as bad as excessive practice. Similarly, you wouldn't want minestrone that is too sweet or too salty.

Sorry, I find myself talking about food. I must be desperate for dinner, too. Now it's time for a toast. To your health and the everlasting prosperity of JEA. Cheers!

Chapter 15 紋切り型のスピーチ

　日本文化は型を重んじる文化であるとよく言われるが、確かに決まり決まったパターンのくり返しはいたるところに見られる。たとえば、テレビ時代劇の連続ドラマや怪獣映画の筋立て、卒業式、入学式の式次第など、ある種の定型があって、その定型を遵守することに意義を見出しているとすら言えそうである。また、戦争のやり方にも国民性や文化が反映するとすれば、たとえば、旧日本陸軍は、敵の兵力の多寡にかかわらず、必ず包囲殲滅作戦をとろうとすることで有名であった。味方は少なく、敵は多いといった場合でも必ず敵を取り囲んで殲滅しようとする作戦をくり返し用いたわけで、日本人の定型好みの典型と言えるであろう。
　この CHAPTER ではフォーマル・スピーチにおける日本語の定型性に着目し、それが英語的視点からはどのように見えるかについて検討したい。

CHAPTER 15　紋切り型のスピーチ

EXAMPLE 1

　①早いもので、私がグラスゴーに来てもう6ヵ月経ってしまいました。②本当はこれからもっと勉強したいと思う時に、お別れを言うのはつらい気持ちです。③6ヵ月前、はじめてグラスゴー空港に降り立った時は大きな期待もありましたが、同時に不安もありました。④はたして、授業についていけるだろうか、ホストファミリーとうまくやっていけるだろうか。⑤しかし、6ヵ月経った今、そういう心配が杞憂だったことがわかって大変うれしい気持ちです。⑥最初はグラスゴーなまりが聞き取れず、苦労しましたが、今ではだいぶ慣れました。⑦ホストファミリーの人々はみんなやさしく、とても温かく私を受け入れてくれました。⑧この6ヵ月いろいろな人々から大変多くのことを学びました。⑨本当にこの半年の留学はよい経験になりました。⑩この経験を帰国後の、今後の人生に生かしていきたいと思っています。⑪皆さん本当にありがとうございました。

コメント

　このスピーチは、日本からの短期留学で海外の語学学校か大学にやってきた学生が送別会(farewell party)か何かで述べるような内容である。**※一般的に日本人のスピーチは公的な場面であればあるほど、論旨の展開に関して予測可能性(predictability)の高い、逆に言えばその分、内容の薄いものになる傾向が強い。**たとえば、卒業式における卒業生代表のスピーチ(答辞)、学校や会社の送別会でのその場を去っていく者のスピーチには、多かれ少なかれ、歌舞伎の型のような語彙、文章構造の面での固定したパターンが見られることが多い。それらを端的に要約すれば以下のようになると思われる。

(1)　型通りのお別れの挨拶(卒業式の場合はほとんど例外なく、桜、春の暖かさなど、時候に関する話題をイントロとして使う。語彙レベルで

はたとえば '学舎(まなびや)' は卒業式専用語彙とすら言える）。

(2) 話は一転して歴史回顧的になり、入学、入社当初の期待と不安に言及する。

(3) 次に、最初はそれなりの苦労もあったが、まわりの人々がいかに自分を '温かく見守ってくれたか' に言及することで、結局自分の期待が裏切られなかったこと、不安が解消されたことを述べる。

(4) 締めくくりとして、自分がいかに多くのことを学んだか、在学、在社したことがいかにすばらしい経験になったかを述べ、そしてその学んだこと、経験したことを今後の人生に役立てる決意を表明する。

(5) 最後の言葉として、もう一度お礼を述べる。

　総じて、ユーモアなどにあまり意を用いない、きまじめなスピーチになる場合が多いようである。私見では、このような日本的なスピーチのあり方は、日本人にとって特に公的な場面における言語活動とはどういう意味を持つものなのかについて考えるきっかけを与えてくれるように思われる。仮説として言えば、日本人にとっての公的な言語活動は、社会的行事としての儀式性が高く、定まった内容の無味乾燥さに顧慮することなく、一種の演目として演じることを期待されていて、およそ、アドリブとか、己の個性を前面に出すことなどはほとんど考えられないようである。このような儀式性は、日本文化特有の '横並び意識'、他と異なったことをしない傾向の現れ、ともとれる。

　EXAMPLE 1 のスピーチは、英語的視点からは無味乾燥にすぎるので、もう少し話者の個性を出した改案を試みてみる。

修正文

　①早いもので、私がグラスゴーに来てもう 6 ヵ月経ってしまいました。②いかがですか？　わたしのグラスゴーアクセントは。③あと半年滞在できたら、まちがいなくここにいらっしゃる皆さんの誰よりももっとうまく、グラスゴーなまりの英語を話せるようになったことでしょう。④冗談はさておき、この 6 ヵ月は私に多くのことを教えてくれました。⑤とりわけあの温かい broth、あれこそ私にとって Scottish

CHAPTER 15　紋切り型のスピーチ

hospitality の象徴です。⑥あの broth の温かさこそ、スコットランドの人々の心の温かさである、という揺るぎない確信が私の心にあります。⑦日本に帰っても、私は味噌汁の代わりに、broth を作って飲み続けます。⑧そしてそれによって、心さみしい時、スコットランドの人々の温かさを思い出して勇気を奮い起こすことにします。

⑨もう1つ私が学んだのはスコットランドの gale force の猛烈さです。⑩私はこの地に来てはじめて、風とは、人の眼窩をへこますほどに、また時として人を吹き飛ばすほどに強く吹くものであることを知りました。⑪言葉の意味を身をもって学んだわけですから、この gale force という表現は忘れることはないと思います。⑫ともかく、私のこれまでの 22 年の人生において、この半年ほど楽しくわくわくするような時間はありませんでした。⑬いまやグラスゴーは私の第 2 の故郷です。⑭すばらしい思い出の数々を胸に、私は明日帰国の途につきます。どうもありがとう。

添削を要する英訳例

①Time passes very quickly. It's been six months since I came to Glasgow. ②How do you like my Glasgow accent? ③If I stay here another six months, surely I can use the Glasgow accent better than anyone else who is in this room. ④Seriously, my stay here has taught me various things. ⑤Particularly, Scottish broth is the symbol of Scottish hospitality to me. ⑥I'm now sure that Scottish hot broth is a [the] symbol of Scottish friendliness. ⑦Even after I return to Japan, I'll have Scottish broth, instead of drinking *miso* soup. ⑧When I feel lonely the broth will remind me of the warm-hearted people in Scotland, and give me the courage to live.

⑨Another thing I learned is the fact that the 'gale force' is very strong. ⑩Until I came to Scotland I didn't know that the wind blows so hard as to dent people's eyes and even blow people away. ⑪I knew what 'gale force' means through my direct experience, so I won't forget the expression. ⑫<u>In the 22 years of my life, I never had</u> such an interesting and exciting period of time as the last six months in Glasgow. ⑬Now Glasgow is my second hometown. ⑭<u>Tomorrow, I go back</u> to Japan with wonderful and excellent memories. Thanks very much. See you again.

GENERAL COMMENTS

法(仮定法か直説法かの違い)、時制でいくつかの問題がある。また、文体面で、冗語的要素、同語反復など、避けるべきものが散見される。

SPECIFIC COMMENTS

Grammar & Usage

③ If I stay here another six months, surely I can use the Glasgow accent ➡ If I stayed here another six months, I'd certainly be able to use the Glasgow accent

　　ここでは、「あと半年の滞在」は実現しない事柄であるので(本人はお別れのスピーチをしている)、MODEL ANSWERS のように仮定法過去を使って、あくまで仮定、架空のこと、という意味合いをはっきりさせる必要がある。

⑩ Until I came to Scotland I didn't know ➡ Until I came to Scotland I'd never known

　　ここでは、Until I came to Scotland に時の参照点(reference time)としての働きがあるので、過去完了形 I hadn't known / I'd never known として、それ以前の経験全体を表す時制が必要。

⑪ I knew what 'gale force' means ➡ I found out what 'gale force' means

　　動詞の know は「知っている」という状態の意味を現す用法が一般的なので、ここでは I found out [learned] として、「わかった[学んだ]」という意味になるようにする。

⑫ In the 22 years of my life, I never had ➡ In the 22 years of my life, I've never had

　　ここでは現在までの 22 年間全体での経験を言うわけだから、現在完

CHAPTER 15　紋切り型のスピーチ

了 I've never had にしなければならない。

⑭ Tomorrow, I go back ➡ Tomorrow, I'll be on my way back
現在時制で確定した未来を現す用法があるが、それは一般的に The ship leaves at 10:30 などのように、確定された予定の場合に用いる。ここでは一般の会話なので、I'm going back / I'll go back などの形す る。

❺tyle & ❺peech ❶evel

③ anyone else who is in this room ➡ anyone else in this room
ここでわざわざ関係詞節を使うのはくどいので、省略することで簡潔な印象になる。

⑤⑥ Particularly, Scottish broth is the symbol of Scottish hospitality to me. I'm now sure that Scottish hot broth is a [the] symbol of Scottish friendliness. ➡ Especially, I now know Scottish hot broth is Scottish hospitality itself. Scottish hot broth symbolizes the Scottish friendliness.
ここではほぼ同じ構造の文が並列されており、symbol が 2 度使われていて、ややぎこちない印象があるので、MODEL ANSWERS のような工夫が必要。

⑨ Another thing I learned is the fact that the 'gale force' is very strong.
➡ Another thing I learned is how fierce the 'gale force' is.
※〈The fact that S + P〉は典型的な同格節構造だが、文体的には冗漫な印象になることが多いので控えめに使う方がよい。MODEL ANSWERS を参照のこと。

MODEL ANSWERS

[1] Time really flies! Six months have passed since I came to Glasgow. How do you like my Glasgow accent? If I stayed here another six months, I'd certainly be able to use the Glasgow accent better than anyone else in this room. Seriously, my stay here has taught me lots of things. Particularly, Scottish broth is the epitome of

Scottish hospitality to me. I'm now totally convinced that Scottish hot broth is a symbol of Scottish friendliness. Even after I return to Japan, I'll have Scottish broth, instead of drinking *miso* soup. When I feel lonely the broth will remind me of the warm-hearted people in Scotland, and give me the courage to live.

Another thing I learned is how fierce the 'gale force' is. Until I came to Scotland I'd never known that the wind blows so hard as to dent people's eyes and even blow people away. I found out what 'gale force' means through my direct experience, so I won't forget the expression. Anyway, in the 22 years of my life, I've never had such an interesting and exciting period of time as the last six months in Glasgow. Now Glasgow is my second hometown. Tomorrow, I'll be on my way back to Japan with wonderful and excellent memories. Thanks very much. See you again.

2 How quickly time passes! It's already six months since I arrived in Glasgow. I hope you like my Glasgow accent. Another six months' stay here would certainly make it possible for me to speak with a better Glasgow accent than anyone else in this room. This is a joke. I've learned so many things from my life here. Especially, I now know Scottish hot broth is Scottish hospitality itself. Scottish hot broth symbolizes the Scottish friendliness. There is no doubt about that. Even after I get back to Japan, I'll keep having the broth, instead of *miso* soup. When I'm suffering from loneliness, I'll be comforted [consoled] by a cup of hot broth and I'll feel encouraged, remembering the friendly Scots.

The terrible power of the 'gale force' is another thing I learned. It was only when I came to Scotland that I knew how people get their eyes dented, and how they get knocked over, by the strong

CHAPTER 15　紋切り型のスピーチ

wind called 'gale force'. I learned the meaning of the phrase by experiencing it directly, so it will remain in my memory forever. I can truthfully say that no other time in the 22 years of my life has been as stimulating and thrilling as the last six months I spent in Glasgow. I'm glad to say that Glasgow is my second hometown. With so many splendid and fantastic memories on my mind, I'll be flying back to Japan tomorrow. Thanks so much. See you again.

EXAMPLE 2

①このたび、ご当地ロンドンにおきましてジャパン・フェスティバルを開催の運びとなり、私どもとしてはこの上なく喜んでいる次第です。②日本の伝統芸術である茶道、生け花など、単に鑑賞されるだけでなく自ら体験されて、日本文化の真髄をご堪能ください。③この催しが日英友好の新たな掛け橋となることを心から望んでやみません。④短いですが、これをご挨拶とさせていただきます。

コメント

日本文化紹介、親善友好の目的でよくジャパン・フェスティバルなど、日本関連の行事が海外で開催されるが、このスピーチもそのような状況で述べられたものである。内容としては別に当たりさわりなく、なんの変哲もないもので、紋切り型のスピーチとの印象は免れない。もう少しインパクトのあるものにするならば、たとえば次のようなスピーチが考えられる。

修正文

①このたび、ご当地ロンドンにおきましてジャパン・フェスティバルを開催の運びとなり、私どもとしてはこの上なく喜んでいる次第です。②日本の伝統芸術である茶道、生け花など、単に鑑賞されるだけでなく自ら体験されて、日本文化の真髄をご堪能ください。③私は日本と英国

を行ったり来たりして、時々自分が日本人なのかイギリス人なのかわからなくなることがあります。④ついこのあいだも茶道の作法でお茶を飲みながら、ショートブレッドを食べている自分に気がついて思わず笑ってしまいました。

⑤この催しが日英友好の新たな掛け橋となることを心から望んでやみません。どうもありがとうございました。

添削を要する英訳例

①It's our great pleasure to have Japan Festival here in London. ②We hope all of you can appreciate the essence of Japanese culture not only by seeing such Japan's traditional arts as tea ceremony and *ikebana* but also by experiencing them. ③I'm constantly going back and forth between Japan and Britain and sometimes I wonder if I am a Japanese or a British. ④Just a few days ago it was very strange that I ate shortbread while having Japanese tea in the traditional style.

⑤I do hope this festival will help to make the friendly ties between Japan and Britain strong. Thanks very much.

GENERAL COMMENTS

構造の観点から、共通関係の表し方ができていない。また、ひとつのセンテンスが長くなりすぎるきらいがある。

SPECIFIC COMMENTS

Grammar & **U**sage

② not only by seeing such Japan's traditional arts as tea ceremony and *ikebana* but also by experiencing them ➡ by experiencing, as well as seeing, such Japan's traditional arts as tea ceremony and *ikebana*

ここでは as well as を適切に使って2つの動詞 experience と see が such 以下を共通の目的語としてとる構造にする。

CHAPTER 15　紋切り型のスピーチ

③　I am a Japanese or a British ➡ I'm Japanese or British
　　この場合の Japanese と British は形容詞的用法であるため冠詞は不要。

④　I ate shortbread ➡ I found myself eating shortbread
　　「気がついたら〜していた」という意味は find oneself 〜ing で表すことができる。

Ｓtyle & Ｓpeech Ｌevel

④　it was very strange
　　ここではこの形で置かず、第2文として How strange it was! とする。※一般にひとつのセンテンスに多くの情報を盛り込まず、適宜、文を切り離して表現する方がインパクトのある書き方になる。

⑤　will help to make the friendly ties between Japan and Britain strong ➡ helps strengthen the friendly ties between Japan and Britain
　　この場合、make 〜 strong とすると、目的語の部分が長すぎてつりあいが悪いので、strengthen 1 語を用いる方がより簡潔になる。また **※hope** の導く節は、未来の内容であっても現在形を用いることがある。

MODEL ANSWERS

1　It's our great pleasure [joy] to have Japan Festival here in London. We hope all of you can appreciate the essence of Japanese culture by experiencing, as well as seeing, such traditional Japanese arts as tea ceremony and *ikebana*. I'm constantly going back and forth between Japan and Britain and sometimes I wonder if I am Japanese or British. Just a few days ago I found myself eating shortbread while having Japanese tea in the traditional style. How strange it was!

　　I do hope this festival helps strengthen the friendly ties between Japan and Britain. Thanks very much.

2　Holding Japan Festival here in London is our great delight [pleasure]. We hope this is a good opportunity for you to enjoy the best of Japanese culture, and could you please do so not only by observing but also by trying such traditional Japanese arts as tea ceremony and *ikebana*? While going to and from Japan and Britain, I often experience some strange moments of not knowing if I am Japanese or British. Only a couple of days ago I couldn't help laughing at myself when I realized I was eating shortbread while having Japanese tea in the tea ceremony style.

I sincerely hope this festival will contribute to developing the friendly relationship between Japan and Britain. Thanks so much.

EXERCISE

次の日本文に関して以下の(1)〜(3)の設問に答えなさい。

> ①このたび新規採用になりました加藤と申します。②新しい生活を始めるにあたり、期待もありますが同時に不安もあります。③大学時代はサークル活動に力を入れ、そのことが先輩、後輩の人間関係作りに役だったと思います。④これから仕事を通していろんな勉強をし、いろんな経験を積んで一日も早く一人前の社会人になりたいと思っています。⑤いろいろご迷惑をおかけすると思いますが、どうぞよろしくお願いします。

(1) 表現・文章構成の日本語的定型性を指摘しなさい。
(2) その上で、全文を修正しなさい。
(3) その上で、全文を英語に直しなさい。

MODEL ANSWERS

(1) ②〜⑤は日本語的定型性(期待と不安、経験を積む、迷惑をかける等)の好例。

CHAPTER 15　紋切り型のスピーチ

(2)

修正文

①このたび新規採用になりました加藤と申します。②大学時代はサッカーをよくやりましたが、勉強もがんばりました。③特に英語が大好きでした。④何事にも積極的で、物事は最後までやりぬくことが好きです。⑤これから仕事を通していろんな勉強をし、いろんな経験を積んでこの業界のエキスパートになりたいと思っています。⑥皆さんと一緒に仕事ができるのはとても幸運です。

(3)

[1] My name is Kato. I'm a newcomer here. When I was at college, I played soccer a lot and worked a lot. English was my favorite subject. I'm active and outgoing, and like to get things done. I do want to be an expert in this business by working hard and experiencing a lot of new things. I'm very lucky having you all as my co-workers here.

[2] I'm Kato. I joined this company very recently. When I was a college student, I was a soccer player and at the same time I was a good student; I liked English best. I'm the kind of guy who likes to accomplish things, and I'm energetic and very sociable. What I want to do here is develop expertise in this business and have lots of new experiences. How lucky I am to be able to work with you all.

Chapter 16
前置きとしての挨拶言葉

　日本語もしくは日本文化は型を重視するとよく言われる。「お久しぶりです」「いやまったくですね。お元気でしたか」「ええおかげさまでなんとか」「私の方も一応元気にやってます」などの、いわゆる型どおりの挨拶などはその好例であろう。もちろん英語でも挨拶はするが、日本語の方が挨拶用の定型表現が多いように思われる(例：「お世話になりました」「ご迷惑をおかけしました」「よろしくお願いいたします」)。そして日本語では挨拶言葉を、場合によってはかなり長々と述べてから本題に入る、という手順が多い。しかしこれを、日本語では、重要度の低い要素からはじめてより重要度の高い要素へ移る、と考えるのは必ずしも適切ではない。日本語文化のあり方から言えば、まず型から入るのが重要なのであり、またそれが好みでもある。後述するが、＊日本語文化と英語文化では何を重要と考えるか、あるいは何が好みかについて異なる点が多く、それらを具体的に系統立てて認識することは、英語という言語をよりよく知る上で極めて有意義である。

　この CHAPTER では、いわゆる形式表現を日本語・英語でどう扱うかについて演習する。

CHAPTER 16　前置きとしての挨拶言葉

EXAMPLE 1

①東京では寒さも日を追って和らぎ、吹く風にもどことなく春を感じる今日このごろですが、北海道の方はいかがでしょうか。②さて先日ご依頼のあったアンケートの件ですが、現在ようやく結果分析が終了したところです。③現在レポートに取りまとめているところですが、やはり事前の予測通り、英語能力の高い学生は、外資系の会社などに就職が決まる例が多いようです。④いずれ詳しい分析資料をメールでお送りしますので、ご一読ください。

コメント

和文のメールや手紙の文面としてごく自然な構成であり、特に問題はない。日本語の顕著な特徴として、センテンス単位でも、パッセージ単位でも、実質的情報は後方に置かれることが多い。たとえばセンテンス単位では、日本語はS+O+V型の言語であるため、実質情報を担う動詞句は文末に置かれる。また、パッセージ単位でも、上の和文のように、始めに前置きとして、実質情報ではない挨拶言葉が来るのが普通である。

このように、実質度の低い形式的、些末的事柄から始まって、実質的な事柄は後回しになる、というのは日本語の構造のみならず、広く日本文化全体に見られるひとつのパターンと言えるかもしれない。たとえば、封建時代の徒弟制度などで、職人が見習いで親方や師匠に仕事を教わる時、最初はその仕事そのものではなく、掃除、炊事など、教わる本人から見ればほとんど無意味としか思えぬような周辺業務からやらされたり、相撲で、前置き儀式としての長い仕切りのあとで取り組みが行われる、などもその例と見ることが可能であろう。このような日本文化のあり方が、日本人の英語習得にどう影響しているのか、研究に値することのように思われる。

一方、英語文化圏では日本文化のひとつのパターンである形式的事柄の前置きはそれほど一般的とは言えない。ひとつの例としては、日本の演歌などではほとんど決まって比較的長めの形式的イントロがあるが、ビート

ルズの初期の作品などではイントロなしでいきなり歌いだし、という例がいくつも見られる。

　文化的解説がやや長くなったが、ともあれ英語では、逆に実質情報は比較的はじめの方に置かれ、実質度の低い情報は比較的後ろに置かれることが多い。手紙文などでは、季候の挨拶言葉などは最後に付加的に書かれるのが普通である。上の日本文を英語に直す際は、① をほぼ全部最後に置くような構造にすれば、自然な英文ができあがる。

修正文

　①先日ご依頼のあったアンケートの件ですが、現在ようやく結果分析が終了したところです。②現在レポートに取りまとめているところですが、やはり事前の予測通り、英語能力の高い学生は、外資系の会社などに就職が決まる例が多いようです。③いずれ詳しい分析資料をメールでお送りしますので、ご一読ください。
　④東京では寒さも日を追って和らぎ、吹く風にもどことなく春を感じる今日このごろですが、北海道の方はいかがでしょうか。

添削を要する英訳例

　①We have just finished analyzing the results of the survey you asked the other day. ②We are now organizing them in the form of a report. As expected in advance, in many cases, students who have a good command of English have entered foreign companies. ③We will soon send you the detailed results by e-mail.
　④It's been getting warmer day by day in Tokyo, and the wind makes us feel spring is coming. How is it in Hokkaido?

GENERAL COMMENTS

　構文の組み立てが粗雑な印象がある。また、気候、文化の違いについても注意すべき点がある。

CHAPTER 16　前置きとしての挨拶言葉

▚ SPECIFIC COMMENTS ▚

❺rammar & ❶sage

① you asked the other day ➡ you'd asked us to carry out for you

　この部分の時制は過去完了が適切。その根拠は、ここでの一連の出来事の流れが、'分析を頼まれた時点 ― 分析を実行した時間帯 ― 分析が終了した今'の3点からなると考えられるため。

　またaskだけでは意味があいまいなので、添削例のようにask ～ to doの形にして意味を明確にする必要がある。

② in advance

　日本語の「事前の」はexpectedの中に含まれているので、in advanceは省略する。

② entered ➡ been employed in

　※動詞enterは、主として物理的に「～に入る」という意味で用いられる。例: John entered the haunted house.

❺tyle & ❺peech ❶evel

② in many cases, students who have a good command of English ➡ many of those students with (a) good command of English

　無駄の多い書き方になっている。ここでの関係詞節は前置詞句で簡潔に書き表せる。

④ the wind ➡ the breeze

　※英語のwindは、日本語で言えば「強風」とでも表現すべきもので、心地よいものではない。ここでは日本語の「そよ風」にあたるbreezeが適切。

▚ MODEL ANSWERS ▚

[1] We have just finished analyzing the results of the survey you'd asked us to carry out for you. We are now organizing them in the form of a report. As expected, many of those students with (a) good command of English have been employed in foreign companies. We will soon send you the detailed results by e-mail.

It's been getting warmer day by day in Tokyo, and the breeze makes us feel spring is coming. How is it in Hokkaido?

2　Our job of analyzing the questionnaire results for you is now completed. We are now putting them into a report. As you'd expect, a number of those students who are proficient in English have found work in foreign companies. We will shortly e-mail you the detailed results.

It's been growing milder in Tokyo, and the breeze makes us feel spring is just around the corner. What about the weather in Hokkaido?

EXAMPLE 2

　①日本は今梅雨のシーズンを迎え、すべてがじめじめしてうっとおしい気分です。②この梅雨が終われば本格的な夏がやって来ます。③そちらはいかがですか。

　④さて、先日お伝えしたように8月には家族と一緒にイギリスに参ります。⑤滞在は2週間ほど予定しております。⑥最初3日ほどはロンドン観光にあて、その後レンタカーでイギリス国内をあちこち巡ってみようと考えています。⑦途中ランカスターにも行きますので、その折にお宅にお邪魔しようと思っています。⑧久しぶりにお会いできるのを楽しみにしております。

コメント

　この文の第1段落と第2段落の流れは、日本語の文章構造ではごく自然だが、英文構成という観点からは以下に示すように、逆にするのが自然である。

CHAPTER 16　前置きとしての挨拶言葉

修正文

①先日お伝えしたように8月には家族と一緒にイギリスに参ります。②滞在は2週間ほど予定しております。③最初3日ほどはロンドン観光にあて、その後レンタカーでイギリス国内をあちこち巡ってみようと考えています。④途中ランカスターにも行きますので、その折にお宅にお邪魔しようと思っています。⑤久しぶりにお会いできるのを楽しみにしております。

⑥日本は今梅雨のシーズンを迎え、すべてがじめじめしてうっとおしい気分です。⑦この梅雨が終われば本格的な夏がやって来ます。そちらはいかがですか。

添削を要する英訳例

①As I let you know before, I'm going to England together with my family in August. ②We'll be staying for about two weeks. ③We're planning to spend the first three days for the sightseeing of London, and then drive to some other places in a rental car. ④We're going to Lancaster; we're dropping in at your place there. ⑤We are all looking forward to seeing you after many years.

⑥In Japan, the rainy season has set in. Everything is so wet that I feel annoyed. ⑦We will have the hot summer after the rainy season. What is the weather like over there?

GENERAL COMMENTS

全体的に人称主語で始めるセンテンスが多いので構文のバラエティが少ない印象がある。単調な書き方にしないための主語のあり方をもう少し工夫する必要がある。

SPECIFIC COMMENTS

Grammar & Usage

① I'm going to England ➡ I'm coming to Britain

日本人学習者にとって come と go の使い分けは間違えやすいが、ここはその好例。※英語の **come** と **go** は単なる距離の移動によって区分けするのではなく、視点（**point of view**）がからむ点に注意。一般に you と呼べる相手のいる場所に向かって移動する時は、相手に接近すると考えて come を用いる（① の場合、たとえば、今目の前にいる誰かにこの文を言うならば I'm going to England となる）。それと、イギリスと言う場合、England はイングランド地方のみを指すことも多いので、総称的な Britain を使う方が適切。

③ spend the first three days for the sightseeing of London ➡ spend the first three days going around London［seeing the sights of London］

　〈spend + 目的語 + ～ing〉の形にする。

⑥ Everything is so wet that I feel annoyed. ➡ It's very humid and uncomfortable here.

　wet は水をかぶったような濡れ方を言うので、ここでは不適切。annoyed は怒りを含んだような感情を表すので、ここでは不適当。

❺tyle & ❺peech ❶evel

④ We're going to Lancaster ➡ Lancaster is one of the places we're going to

　ここでは人称主語構文でない構文にすることで、バラエティを出すようにする。

⑤ We ➡ My family and I

　ここでも主語のバラエティを考えて、工夫してみる。

MODEL ANSWERS

1　As I let you know before, I'm coming to Britain together with my family in August. We'll be staying for about two weeks. We're planning to spend the first three days going around London, and then drive to some other places in a rental car. Lancaster is one of the places we're going to; we're dropping in at your place there.

CHAPTER 16　前置きとしての挨拶言葉

My family and I are all looking forward to seeing you after many years.

In Japan, the rainy season has set in. It's very humid and uncomfortable here. We will have the hot summer after the rainy season. What is the weather like over there?

2　As I wrote [told] you the other day, my family and I'll be coming to Britain in August. Our trip will last two weeks. We'll be touring around in London for the first three days, and then go to some other places by rental car. Lancaster is one of those places; we'll be calling on you at your place there. We are all looking forward to seeing you for the first time in ages.

In Japan, we are now in the rainy season. The humidity is awfully high, and that makes us feel very uncomfortable here. The scorching summer will follow the rainy season. How is the weather over there?

EXERCISE

次の日本文に関して以下の (1)〜(3) の設問に答えなさい。

①お元気ですか。②先日はカラオケで一緒に歌って大いにストレス発散になりましたね。③とっても楽しかったです。またこんど一緒にやりましょう。

④ところで、先日お願いしていた件、お引き受けいただけるでしょうか。⑤今回のシンポジウムには 1000 人以上の参加が見込まれ、大きな意義のあるものになります。⑥是非、先生にコーディネーターをお引き受けいただきたいと考えております。⑦お返事をお待ちしています。

(1)　形式的な挨拶表現の箇所を指摘しなさい。
(2)　文順を入れ換えて英語的な文章構造にしなさい。

(3) その上で、全文を英語に直しなさい。

MODEL ANSWERS

(1) ①〜③
(2) ①〜③ と ④〜⑦ を入れ換えた方が英文構築の観点からは自然。

修正文

①先日お願いしていた件、お引き受けいただけるでしょうか。②今回のシンポジウムには 1000 人以上の参加が見込まれ、大きな意義のあるものになります。③是非、先生にコーディネーターをお引き受けいただきたいと考えております。

④先日はカラオケで一緒に歌って大いにストレス発散になりましたね。⑤とっても楽しかったです。⑥またこんど一緒にやりましょう。

(3)

1. I was wondering if you could grant the earnest request I made a few days ago. More than one thousand people are expected to come to the symposium and that will make it very meaningful. I sincerely hope you will be the coordinator. I'm looking forward to hearing from you soon.

   The other day we had lots of fun singing *karaoke* together. That was a fantastic way to get rid of stress, wasn't it? Let's do it again one of these days.

2. Could you approve the request I made the other day? There will be over one thousand people at the symposium, which, because of that, will surely be very significant. I do hope you accept the job as the coordinator. I'm looking forward to having your answer soon.

   A few days ago we had a very good time singing *karaoke* together; that relieved lots of stress, didn't it? Why don't we do it again soon?

Chapter 17
語尾をぼかす日本語

「当たりを柔らかく」、「何事も穏やかに」、「丸く、角立ちなく」などは日本文化が特に好む物事のあり方と言える。恐らくそのせいか、日本語の文章はさまざまのレベルで'言葉のクッション'とでも言うべき要素が多く見られる。そのひとつが'語尾の柔らかさ'である。後述するように、※日本語では語尾に「だろう」「のようだ」「思う」「のように思われる」等が多く使われるのが特徴である。このことが、日本人の英語にどのように影響しているかを、このCHAPTERで見ていくことにする。

EXAMPLE 1

①日本人の自信をなくさせている大きな原因は、日本経済の最近の停滞ぶりであろう。②確かに経済はかんばしくないが、日本の技術はまだまだ捨てたものではないように思う。③たとえば、軽自動車の、低燃費、低公害の技術は世界の自動車メーカーの一歩先を行くレベルだと言われる。④日本経済再生のカギはやはり、他国に優る技術を開発し、それを商品化していくということではないだろうか。

コメント

※日本語話者の一般的傾向として、「だろう」「らしい」「ようだ」「ではないだろうか」「のように思われる」といった、断定を避ける表現で文を締めくくるのが目立つ。これにはいくつか理由が考えられる。ひとつには、「だ」

「である」等の断定型表現は、当たりが強く感じられるため、対人的に、どちらかと言えば柔かな関係を好む日本人の気質から見て、避けたくなる、ということが挙げられる。もうひとつは、日本語の語尾は動詞の活用形がくるわけだが、下手をすると「です」「ます」「である」などのどれを使うにせよ、一本調子の語尾になって単調になりかねない、そのため、さまざまに動詞を活用して語尾のバラエティを持たせる必要がある、ということが考えられる。さらに言うならば、語尾をぼかすことでその発言内容への自己責任を多少なりとも軽くするというねらいがある、という推測も成り立つ。語尾のぼかしの手法としては、他に「なあんちゃって」「だったりして」「かなあ、なんて」などが日常よく使われている。

このように、語尾で言い切りを避けることは、結局、その発言内容自体の信憑性、説得力の低さにつながるわけであり、そのことは英語での発言行為の基底部分にある、発言への責任、説得力を持たせようとすることなどの原則とはずいぶん異なるものであるという認識が必要である。よく指摘されることだが、日本人の英語には、必要以上にI think / I feel / it seems (to me)、あるいは推量のつもりのwill、may等の表現が多い、という事実は、日本語のあり方と深く関わっていることは明らかである。

※英語で発言したり、英文を書く時は、その限りにおいて、言い切りを避けようとする Japanese mind を切り捨てる覚悟が必要である。EXAMPLE 1の文章は日本語としては自然であるが、英訳する場合、以下のような、英語の発想に近い日本語を構築する必要がある。

修正文

①日本人の自信をなくさせている大きな原因は、日本経済の最近の停滞ぶりである。②確かに経済はかんばしくないが、日本の技術はまだまだ捨てたものではない。③たとえば、軽自動車の、低燃費、低公害の技術は世界の自動車メーカーの一歩先を行くレベルだと言われる。④日本経済再生のカギはやはり、他国に優る技術を開発し、それを商品化していくということである。

CHAPTER 17　語尾をぼかす日本語

添削を要する英訳例

①The big factor that has been depriving the Japanese of their confidence is that their economy has been declining in recent years. ②It is an undeniable fact that the Japanese economy is slowing down, but Japan's skills are still great. ③For example, Japanese car manufacturers are said that they are better than their Western counterparts in producing fuel-efficient and eco-friendly cars with small engines. ④The best way to revitalize the Japanese economy is to develop technologies better than those of other countries and commercialize them.

GENERAL COMMENTS

英語の基本動詞である say に関して基本的誤りがある。また、文体的にやや冗漫な箇所が散見される。

SPECIFIC COMMENTS

Grammar & Usage

① The big factor ➡ A big factor

現実に即して考えると、日本人の自信をなくさせている唯一の要因としてではなく、ひとつの要因として経済の落ち込みを考えるのが妥当であるので、定冠詞ではなく不定冠詞が正しい。

② but Japan's skills are still great ➡ but Japan's technologies are still great

skill(s) は、学習や練習によって身につけた技術一般(例: speaking skills, driving skills)を指す表現なので、ここでは不適切。technology を使って科学技術の意味を表すのが正しい。ただし、自動車製造、造船などさまざまな具体的技術を指す意味で複数形とする。

③ Japanese car manufacturers are said that they are better than... ➡ Japanese car manufacturers are said to be better than...

※動詞 say が that 節をあとに従えるのは、能動態で〈X say that S + P〉か、受動態で〈It is said that S + P〉のように仮主語を置く

157

場合のどちらかであり、具体的な主語から始まる〈X is said that S + P〉の構造にはならない点に注意。

❺tyle & ❺peech ❶evel

① that their economy has been declining in recent years ➡ their declining economy in recent years

　※日本人の英語は接続詞 that を使った〈that S + P〉の節展開が多く見られるが、引き締まった文体効果を出すためには状況に応じて〈限定形容詞 + 名詞〉の名詞中心構造を使う方がよい。

② It is an undeniable fact that ➡ Undoubtedly [Clearly / Evidently]

　この部分も日本人の英語に多く見られる It is ... that 節であるが、やや冗漫な印象になりやすい。ここでは文修飾副詞1語で表すことで簡潔な印象が生まれる。

④ to develop technologies better than those of other countries and commercialize them ➡ to develop and commercialize technologies better than those of other countries

　もとのままでも十分自然な英語だが、表現の無駄を省くという観点からは、technologies 以下をふたつの動詞 develop と commercialize の共通目的語として置く方がよい。

MODEL ANSWERS

[1] One big factor that has been depriving the Japanese of their confidence is their crippled economy in recent years. Undoubtedly, the Japanese economy is slowing down, but Japan's technological advantages haven't entirely disappeared yet. For example, Japanese car manufacturers are said to be one step ahead of their Western counterparts in producing fuel-efficient and eco-friendly cars with small engines. The best way to revitalize the Japanese economy is to develop and commercialize technologies that are better than those of other countries.

CHAPTER 17　語尾をぼかす日本語

2　Japan's deteriorating [declining] economy in recent years is partly responsible for making the Japanese less confident in themselves. It's true that the Japanese economy is stagnant these days, but Japan's technological advantages are still there. Japanese car makers, for instance, are reputed to be doing a better job than car makers in Europe and America when it comes to producing small-engine cars which are both fuel-efficient and environmentally-friendly. The key to revitalizing the Japanese economy lies in developing and commercially exploiting more sophisticated technologies than other countries.

EXAMPLE 2

①ある意味で、日本人ほど自分の車を大事に扱う国民は他にいないであろう。②たいていの日本人はちょっとした傷が入ってもすぐ修理に出すようだし、恐らく毎日のように洗ったり磨いたりしているのでまるで新車のようである。③雨の日には車に乗らないという人も少なくないようだ。その理由は車が汚れるかららしい。④多くの日本人にとって車は単に乗るだけのものではないように思われる。

コメント

この文も全体的に断定、言い切りを避ける口調が目立つ、'ぼかし'の多い日本語になっている。このまま英訳すると think、seem、feel 等が多用されて英語らしくない文章ができあがるので、以下のように全体を書き換えてみる。

修正文

①日本人ほど自分の車を大事に扱う国民は他にいないであろう。②たいていの日本人はちょっとした傷が入ってもすぐ修理に出すし、頻繁に洗ったり磨いたりしているのでまるで新車のようである。③雨の日に

は車に乗らないという人も少なくない。その理由は車が汚れるからである。④多くの日本人にとって車は単に乗るだけのものではないのである。

添削を要する英訳例

①Perhaps the Japanese take care of their cars most carefully in the world. ②Most Japanese get a small scratch in their cars fixed straight away, and they always wash and wax their cars, so they look brand-new. ③Not a few Japanese avoid using their cars on rainy days not to get them dirty. ④To many Japanese, their cars are not merely a means of transportation.

GENERAL COMMENTS

比較級構文を適切に使いきれていない。To 不定詞を使って目的節を構築する要領を習得する必要がある。

SPECIFIC COMMENTS

Ｇrammar & Ｕsage

① Perhaps the Japanese take care of their cars most carefully in the world. ➡ Perhaps no other people take greater care of their cars than the Japanese.

　　care と carefully が同語反復的 (tautological) である。ここでは英語でよく見られる nothing, nobody, no one などのゼロ主語を用いた比較級構文を使う工夫をしてみるとよい。

② get a small scratch in their cars fixed ➡ get even small scratches in their cars fixed [get the smallest scratches in their cars repaired]

　　ここで単に a small scratch というと、ひとつだけ small scratch ができた場合に修理をするが、その他の場合(たとえば big scratch ができた場合)は何もしない、という意味を言外に含むことになってしまい不適切。日本語の「どんな〜でも」の英訳に際しては英語の最上級表

160

CHAPTER 17　語尾をぼかす日本語

現を効果的に使うことができる (p. 86 参照)。

③ not to get them dirty ➡ so as not to get them dirty

　この not to do はよく見られる誤りである。一般に not to do は動詞と直結する形が妥当 (例: try not to speak Japanese, pretend not to notice the mistake)。ここでは so as not to . . . か so (that) they won't . . . の副詞としての目的節にするのが適切。

❺tyle & ❺peech ❶evel

② , so they look brand-new ➡ to make them look brand-new

　この部分の直前の節が and they always wash and wax their cars とあり、等位接続詞 and が使われている関係上、この部分もまた等位接続詞 so で始めるよりは、目的を表す to 不定詞を使う方が引き締まった文体になる。

③ Not a few Japanese ➡ Quite a few Japanese

　※英語の **not a few** は現在ではあまり使われない古い表現。

MODEL ANSWERS

1　Perhaps no other people take greater care of their cars than the Japanese. Most Japanese get the smallest scratches in their cars fixed straight away, and they always wash and wax their cars to make them look brand-new. Quite a few Japanese avoid using their cars on rainy days so as not to get them dirty. To many Japanese, their cars are not merely a means of transportation.

2　Perhaps the Japanese love their cars more than any other people. Most Japanese cannot stand even small scratches in their cars — they have them repaired immediately, and they wash and wax their cars so frequently that the cars appear brand-new. When it rains, many Japanese don't use their cars, so the cars won't get dirty. To many Japanese, their cars are more than just a means of transportation.

EXERCISE

次の日本文に関して以下の (1)～(3) の設問に答えなさい。

> ①欧米人が相手とコミュニケーションを図ろうとする場合、情より理に訴えかけるように思われるが、逆に日本人の場合は人と話す時は理屈より情に訴えかけることが多いようである。②そういう日本と西洋のコミュニケーションのあり方の違いをよく認識することが、日本人が英語を習得する上でとても重要なことではないだろうか。

(1) 'ぼかし' 表現を指摘しなさい。
(2) 'ぼかし' をできるだけ除去した形で全文を書き直しなさい。
(3) その上で、全文を英語に直しなさい。

MODEL ANSWERS

(1) ① の「思われる」「多いようである」、② の「ないだろうか」。
(2)

修正文

> ①欧米人が相手とコミュニケーションを図ろうとする場合、情より理に訴えかけようとするが、逆に日本人の場合は人と話す時は理屈より情に訴えかけることが多い。②そういう日本と西洋のコミュニケーションのあり方の違いをよく認識することが、日本人が英語を習得する上でとても重要なことである。

(3)

① People in the West, when communicating with others, try to appeal to reason rather than emotion. The Japanese do quite the opposite when talking to others. Proper recognition of such communicative differences is essential to any Japanese aiming to learn English.

[2] When talking to other people, Westerners expect rational rather than emotional reactions. The opposite is true with the Japanese when they verbally interact with others. To learn English, the Japanese should learn how they and Westerners differ in their respective attitudes toward communication.

Chapter 18
日本語は状況に依存する
─語彙について─

　※一般的に日本語では、さまざまに異なる状況で同一の表現が使われる度合いが英語よりも高い。そして、その分だけ日本語の方が英語よりも抽象度が高くなる傾向があると言える。たとえば、日本語では道路標識など、目で見えるものを認識した場合、「あの道路標識に気付いたはずだ」などのように言い、目で見て認識できるというわけではない、ある事柄(例：自分が誤っていたこと)を認識した場合でも、「自分の愚かしさに気付いた」というふうに、「気付く」という動詞を使えるが、英語では前者の場合 notice、後者では realize がふさわしく、それぞれ使い分ける必要がある。また、日本語では「おもしろい」という表現は、笑えるおもしろさでも、知的興味を引くおもしろさでも、あるいはわくわくするおもしろさでも、同じように使えるが、英語ではそれぞれの状況で funny, interesting, exciting のように異なった形容詞を当てはめて具体的に言い表すのが適切である。

　この CHAPTER では日本語の状況依存度の高さ、すなわち抽象性の高さ、そこから発生するあいまいさについて、語彙の面にスポットライトを当てて論じることにする。

CHAPTER 18　日本語は状況に依存する──語彙について

EXAMPLE 1

①なんでも子供のいいなりになる親が最近多いが、本当はそんなことではいけないのである。②親は、親として子供に何をなすべきかもっと真剣に考えるべきである。③なんでも子供の言うことばかり聞いているようでは、正しい家庭教育は成り立たないということを世の親は認識すべきではないか。

コメント

　日本語話者による日本語表現の一般的特徴として、状況（文脈）依存度の高さを挙げることができるであろう。これはどういうことかというと、日本語によるコミュニケーションは発信者、受信者ともに日本人である場合が一般的であり、双方ともに文化、生活様式、発想の仕方を共有している場合が多いという事実がまずある。そのような状況下では、ある事態、状況があって、それを言語で表出する場合、暗黙の了解として、伝達者、被伝達者ともに、その状況を共通世界としてすでに了解している、という前提があり、その分その状況を言語で言い表す上で、表現選択が大雑把で具体的な的確さ、精緻さに欠けることになりがちである。すなわち、相手に物事を理解させる上で、状況（文脈）依存度（何から何までいちいち言わなくてもわかっているはず、という気分の度合い）が高く、その分、言語依存度（事態を的確に言語で言い表そうとする意欲、努力の度合い）が低くなるという傾向が、日本人による日本語表現に多かれ少なかれ反映しているのではないかと思われる。くり返しになるが、状況依存度が高い分だけ、日本語話者は物事を、的確、具体的に、聞き手が言葉だけで状況が把握できるような形で日本語を使おうとする意欲が高まらない結果になっているのではないかと推測できる。そしてこのことが、いわゆる '日本語のあいまいさ' という印象を生み出すことに大きく寄与していると考えられる。

　この文で言うと、①の「いいなり」とは具体的にはどういう意味であろうか。ここでは、共通理解項目として暗にあるのは、昨今の携帯、テレビ

ゲームなどを親が子供にせがまれるまま買い与えている、という世相一般であろうと思われる。まったく可能性がなくはないが、子供があたかも主君のごとく親に命令を下し、奴隷のごとく使っている状況ではないであろう。そのことは共通理解項目として、すでにわかっていることを前提として、「いいなり」という表現が使われていると考えられる。そして同じ文脈依存度の高さは③についても当てはまる。しかしこのままでは、少なくともこれを、たとえば日本の事情に通じていない外国人に理解させようとするか、英訳しようとする場合、すなわち、日本的な、状況の共通理解の枠を超えた作業をする場合、いわゆる'意味のあいまいさ'に逢着するのである。この和文は以下のように具体的に、状況(文脈)依存度を低くして言い換えると、あいまいさが消え、英語に直すのに別段の支障はなくなる。

修正文

①なんでも子供の望むものを買い与える親が最近多いが、本当はそんなことではいけないのである。②親は、親として子供に何をなすべきかもっと真剣に考えるべきである。③なんでも欲しいものを買ってやっていては、正しいしつけは成り立たないということを世の親は認識すべきではないか。

添削を要する英訳例

①These days, there are many parents who buy their children whatever they want, but it's not good to do that. ②Parents had better think about what they ought to do for their children more seriously as fathers and mothers. ③Shouldn't they learn that buying their children anything they want may disturb proper home training?

GENERAL COMMENTS

動詞の用法の誤りや、修飾語句の位置の間違いなどが見られる。またスタイルの面で、日本語の間接的表現の直訳が見られる。

CHAPTER 18　日本語は状況に依存する——語彙について

SPECIFIC COMMENTS

Grammar & **U**sage

② Parents had better think about what they ought to do for their children more seriously as fathers and mothers. ➡ Parents should think more seriously about what they ought to do for their children.

　※助動詞 **had better** は一般的に会話、対話などの状況で「〜しないと不利益になる[損をする]」という意味で用いられる。強いアドバイスであるため、使い方次第では恐喝的なニュアンスが出る場合もある。したがって上記のような散文の中で用いるのは不自然。

　また、more seriously as fathers and mothers の as fathers and mothers は冗長であり、more seriously はこのままの位置では what 以下の動詞 do にかかってしまうので、意味のまとまりから考えて動詞 think の直後に置くのが正しい。

③ that buying their children anything they want may disturb proper home training ➡ that buying their children anything they want is not the right way of raising them

　「(家庭での)しつけ」を home training とするのは誤り。たとえば dog training というと「犬の訓練」を意味する。また training は「調教」、「訓練」などの日本語にあたり、人間のしつけ(教育)の意味としてはふさわしくない。

Style & **S**peech **L**evel

① there are many parents who buy their children whatever they want, but it's not good to do that. ➡ Many parents buy their children whatever they want. This is wrong.

　ここでわざわざ there 構文と関係節構造を使うのは、無駄の多い書き方。また後半はいったん文を切って新たな文とした方が簡潔な表現になる (it ... to do の構造ではなく、前文を This で受けて簡略に表現する方がよい)。

③ Shouldn't they learn ➡ They should learn [realize]

　日本語の「〜ではないか」も語尾の言い切りを避けるためのひとつ

の手段として多用されるが、これを英語の否定疑問の形にするのは主張が間接的になるので、あまり好ましいとは言えない。

MODEL ANSWERS

1　These days, many parents buy their children whatever they want. This is wrong. Parents should think more seriously about what they ought to do for their children. They have to realize that denying their children nothing is something parents with common sense would never do.

2　These days, quite a few parents buy their children anything they wish. Parents shouldn't do this. They should be more careful about what they do for their children. They must be aware that giving their children whatever they want is not a proper way of bringing them up.

EXAMPLE 2

①アメリカが中東、アジア、ヨーロッパをはじめ全世界にその軍事力を展開しようとするのは、政治、経済の両面で圧倒的優位を常に維持したいとする超大国の論理が働いているためである。②この論理の前には、小国が自国の安全と繁栄のみを願って生きていくという図式は成り立ちにくくなってきている。

コメント

　日本語の「論理」もしくは「論理的」という表現も表現としての抽象度が高く、たいていの場合具体的意味はその状況に即して推測する必要がある。この文でも①の「論理」とはこの語が置かれている文脈を考えると「意志」「願望」などの日本語の方がもう少し具体的で状況にふさわしいと

CHAPTER 18　日本語は状況に依存する——語彙について

言える。そこで原文の「論理」を他の表現に差し換えて、全体を以下のようにしてみる。

EXAMPLE 2

①アメリカが中東、アジア、ヨーロッパをはじめ全世界にその軍事力を展開しようとするのは、政治、経済の両面で圧倒的優位を常に維持したいとする超大国の強固な意志が働いているためである。②この意志の前には、小国が自国の安全と繁栄のみを願って生きていくという図式は成り立ちにくくなってきている。

添削を要する英訳例

①The United States tries hard to spread its military forces throughout the world, starting from the Middle East, Asia, and Europe, because of the superpower's strong will of maintaining its superiority in both aspects of politics and economy. ②Under these circumstances, it is difficult for small countries to try to survive, hoping that only their countries will be safe and successful.

GENERAL COMMENTS

前置詞 of の用法でいくつか注意すべき点がある。

SPECIFIC COMMENTS

Grammar & Usage

① starting from ➡ including

この場合の「～をはじめ」は「～を含む」と考える。'starting from' は場所や時間の起点を表す。例: The coach starts from Edinburgh. / Starting from next month, all employees will receive a 10% pay increase.

① because of the superpower's strong will of maintaining its superiority in both aspects of politics and economy ➡ because it is the superpower's strong will to maintain its superiority over other nations both in politics and economy

　※前置詞句である **because of** 以下をあまり複雑な構造にしないようにする（p. 100 参照）。will of は、ここでは will to do の形が正しい。また aspects of politics and economy という同格構造はぎこちない表現。

② it is difficult ➡ it is becoming [getting] more difficult

　ここでは比較級を使う方が日本語の意味合いがよく表される。

ⓢtyle & ⓢpeech ⓛevel

① spread ➡ deploy

　ここでは一般的な動詞である spread でも可だが、特に軍事力の展開に関しては deploy の方がより適切な表現。

② hoping that only their countries will be safe and successful ➡ hoping for only their own safety [security] and prosperity

　接続詞 that を使って節展開するよりも、for 以下の前置詞句の形にした方が、より簡潔な表現になる。

MODEL ANSWERS

[1] The United States tries hard to deploy its military forces throughout the world, including the Middle East, Asia, and Europe, because it is the superpower's indomitable will to maintain its superiority over other nations both in politics and economy. Under these circumstances, it is becoming tougher for small countries to try to survive, hoping for only their own security and prosperity.

[2] The United States is making strenuous efforts to deploy its military troops to various parts of the world, including the Middle

CHAPTER 18 日本語は状況に依存する──語彙について

East, Asia, and Europe. This is because keeping political and economic predominance over the rest of the world is what the superpower is determined to do. This being the case, small countries are finding it more and more difficult to try to survive with only their own security and prosperity in mind.

EXERCISE

次の日本文に関して以下の (1)〜(3) の設問に答えなさい。

> ①昨日友人の松田がうちに遊びに来て、「いやー参ったよ。数日前学校で涼子が突然、結婚してちょうだい、とうちのクラスのみんなの前で言うから、困ってしまってね。まったく涼子というのは大変な女だよ」と語っていた。②こういうことははたから見ればおもしろい、となるところだが、確かに言われた当人は困ってしまっただろうと思う。

(1) 抽象性の高い表現を指摘しなさい。
(2) それらを状況に即した具体的な表現に書き換えなさい。
(3) その上で、全文を英語に直しなさい。

MODEL ANSWERS

(1) ①の「参った」「困る」「大変な」、②の「おもしろい」「困る」。
(2) 問題文は、典型的な日本語的抽象度の高い(文脈依存度の高い)文章で、英訳しようとすると必ずいったん筆がとまり、具体的にはどういうことかと考えざるをえない。(1)で指摘した表現は、英訳を助ける観点からは、以下のようにすれば具体的になる。

修 正 文

> ①昨日友人の松田がうちに遊びに来て、「数日前学校で涼子が突然、結婚してちょうだい、とうちのクラスのみんなの前で言うから、どぎまぎしてしまってね。まったく涼子というのは理解に苦しむ女だよ」

と語っていた。②こういうことははたから見れば楽しめることなのだが、確かに言われた当人はバツの悪い思いをしたろう。

(3)

1. Yesterday my friend Matsuda came to my place and said to me, "A few days ago I was totally embarrassed when Ryoko suddenly told me in front of my class that she wanted me to marry her. What a strange girl she is!" This sort of thing was probably entertaining for the people around him, but he must have felt embarrassed.

2. Yesterday my friend Matsuda dropped in at my place and said, "A few days ago something really embarrassing happened to me. In front of my whole class Ryoko suddenly asked me to marry her. She is the most enigmatic girl I've ever seen!" People around him were probably amused, but it must have been quite embarrassing to him.

Chapter 19
日本語は状況に依存する
― 文 構 造 に つ い て ―

　CHAPTER 1 で論理は言葉と言葉の関係、つながり方の問題、ということを指摘した。一般に、日本語は英語に比べると'非論理的'と言われるのは、日本語ではたとえば、うら若い女性がはにかみながら、相手の男性に対してただひとこと「好きよ」と言った場合、そのひとことが意味を成す、という事実を考えればわかる。この場合英語ならば "I love you" と言うほかなく、誰が誰を、という関係性を表す 'I' や 'you' を省くことはできない。その分英語は論理的と言える。一方、日本語の場合、'わたしが'、'あなた(のこと)を'、などを使って論理関係を明示すれば、状況によっては、野暮ったく、バタくさくなる可能性がある。※日本語の場合、状況的にわかりきっている場合や、情緒的ニュアンスを重視する場合、主語も目的語も省かれることが多い。

　別の例で英語の論理性と、日本語の非あるいは超論理性を見てみよう。有名な松尾芭蕉の俳句「夏草や　つはものどもの　夢の跡」はたとえば、明治時代に来日して日本・日本語研究で多大な業績を残した B. H. Chamberlain の英訳では 'Haply the summer grasses are a relic of warriors' dream' となっている。名訳ではあるが、芭蕉の原文と英訳を比較すると日本語と英語の違いを実感せざるをえない。英文では、原文の「夏草」と「つはものどもの　夢の跡」が、X are Y という主語と補語の関係で論理的に結びつけられている。これは、X はすなわち (=) Y という意味だが、原文では必ずしも「夏草」がすなわち (=)「つはものどもの　夢の跡」ということではなく、あえて言えば、「夏草」を含めたその場のたたずまい全体が、「つはものどもの　夢の跡」とでも表現しうる趣がある、ということなので

ある。しかも原文は「〜が...である」という主語・述語による陳述の形でないため、印象としては一幅の絵画でも見るような超論理的で、すべてが一体化した表象的な表現になっている。

このように、もともと論理性にあまり関心を払わないのが日本語の本質的一面と言えようが、その非論理性が内包する状況依存度の高さのため、明快であるべきはずの日常のやりとりにおいて不明瞭な構文が作られがちである。この CHAPTER ではそのような例を通じて、英語が好む論理性とは何か、ということを見ることにする。

EXAMPLE 1

①生活空間が限られている以上、住まいを快適にするのは住み手の責任である。②住まいはただ単に食べる、眠るなどの基本的な生活機能に加えて、精神的満足も必要なのである。③たとえば、家族との楽しい語らいの時を持つとか、ベランダに花壇を作る、などといったことで心の充足がはかれるのではないだろうか。

コメント

CHAPTER 18 では語彙の面から、日本語の状況依存度の高さについて論じたが、ここでは文構造の面から論じてみたい。CHAPTER 18 で述べた日本語の状況依存度の高さとは、言葉を換えて言えば、日本語の '内語性' の高さとも言えよう。内語とは、最も端的な例として、個々人が思惟のうちで、自らに語りかけるような極めて私的な言語活動を挙げることができる。経験的に言えることだが、そのような内的言語活動においては、伝達者と被伝達者が同一人物であるので、当然のことながらすべてを共通理解項目として共有しており、表現の省略、その場の感覚に頼った、意味的に不適切な表現の選択、論理性の無視などが極限まで推し進められる可能性が高い。私見では、日本語話者による日本語の言語活動には、これまでに指摘してきた日本語の一般的な使用環境から見て、今述べたような内的言語活動に類似した現象が見られるようである。

CHAPTER 19　日本語は状況に依存する——文構造について

　日本語の非論理性について論じる時によく取り上げられる「僕はうなぎだ」式の一見非文に見える表現も、日本語の内語性の現れ、という観点からある程度説明できると思われる。この場合「僕はうなぎだ」は、ごく常識的な状況・文脈では自分はうなぎであると言っているのではなく、自分はうなぎを注文する(した)ということであり、そのことは、表現形式が一見非論理的でも、日本人同士であればまず誤解なく、あいまいさをうんぬんする間もなく、真意が伝わるという前提があるのである。この、「僕はうなぎだ」に関していえば、CHAPTER 18 で述べたように、相手に物事を理解させる上で、状況(文脈)依存度(何から何までいちいち言わなくてもわかっているはず、という気分の度合い)が高く、その分言語依存度(事態を的確に言語で言い表そうとする意欲、努力の度合い)が低くなるという傾向の端的な現れと考えられる。

　EXAMPLE 1 では、上に述べた、日本語の内語性が文構造に現れているという見方も成り立つ。日本語表現としては、一読してそれなりに意味がわかるが、問題点は ① と ② にある。① の「生活空間が限られている以上、住まいを快適にするのは住み手の責任である」についていえば、「X であるゆえに Y」という因果関係の形式で語られてはいるが、論理的に不適切である。なぜならば、「住まいを快適にするのは住み手の責任である」というのは、生活空間が限られていようがいまいが、言えることだからである。② の「住まいはただ単に食べる、眠るなどの基本的な生活機能に加えて、精神的満足も必要なのである」の主・述構造は「僕はうなぎだ」式の表現と一脈通じる省略構文であると言える。形式通りにこの文をとれば、「住まいには食べる、寝るなどの基本的生活機能と精神的満足が必要だ」となり、非文となる。発話者の意図はそうではなく、真意は「住まいは(住み手に)食べる、寝るなどの基本的生活行為を可能にするだけでなく、精神的満足をも与える場でなくてはならない」ということであろう。ついでに言うと、「食べる」、「寝る」を生活機能というのは、意味的に不適切な用語選択である(これも、日本人同士であれば感覚的になんとなく伝わるような、内語的語彙選択の例とも考えられる)。厳密には、それらは行為であって、機能と呼ばれるべきものではない。EXAMPLE 1 は以下のような日本語にすれば英訳に支障はなくなる。

修正文

①住まいは生活の基本であって、住まいを快適にするのは住み手の責任である。②住まいはただ単に食べる、眠るなどの基本的な生活行為のためだけの場ではなく、精神的満足も味わえる場でなくてはならない。③たとえば、家族との楽しい語らいの時を持つとか、ベランダに花壇を作る、などといったことで心の充足がはかれるのではないだろうか。

添削を要する英訳例

①A house is the basis of one's living, and how comfortable it is depends upon the inhabitant. ②Besides being a place of basic actions of living such as eating and sleeping, a house should be a place where we can have mental satisfaction. ③For example, we may attain mental satisfaction through an enjoyable chat with the family or by growing flowers on the veranda.

GENERAL COMMENTS

「住まい」「生活」にあたる英語表現が適切さを欠いている。また、人称主語の we の用法に問題がある。

SPECIFIC COMMENTS

Grammar & Usage

① A house is the basis of one's living, and how comfortable it is depends upon the inhabitant. ➡ Housing is the basis of one's life, and one should make one's home comfortable.

　※英語の **house** は、日本のアパートやマンションにあたる **flat** [**apartment**] と対照されるもので、一般的に一戸建て住宅（**detached house**）という具体的な住宅の形態を意味する。ここでは housing や home として住宅の形態を問わない「住居」の意味になるようにする。また、living は生活というよりは「生活の手段、生活費

CHAPTER 19　日本語は状況に依存する──文構造について

の意味になるのでここではふさわしくない。

② Besides being a place of basic actions of living such as eating and sleeping, a house should be a place where we can have mental satisfaction. ➡ Besides being a place for such basic activities of life as eating and sleeping, one's home should be a place where one can feel satisfied.

　※英語の **we** はある特定の集団(例：この町に住むわれわれ；この学校のわれわれ教師)を指す人称表現で、もっと一般的な人称としては **one, you** がふさわしい。また、satisfaction はそれ自体が「心(精神)の満足」という意味なのであえて「精神的」にあたる形容詞は不要。しかしあえて使うとすれば知能、知性のニュアンスの強い mental よりも日本語の「精神的」に大体あたる spiritual の方がよい。

ⓢtyle & ⓢpeech ⓛevel

③ For example, we may attain mental satisfaction ➡ One may feel content, for example

　※「たとえば」にあたる **for example** [**instance**] も、他の副詞句と同様なるべく修飾する語句の近くに置くのがよい。この場合で言えば through an enjoyable chat 以下を直接修飾するためには、その直前に挿入的に置く必要がある。また、attain は形式ばった表現なので have とするか、ここでの添削例のように表現する方がよい。

MODEL ANSWERS

[1] Housing is the very basis of one's life, and one is responsible for making one's home comfortable. Besides being a place for such basic life activities as eating and sleeping, the home should be a place where one can have spiritual satisfaction. One may feel content, for example, through an enjoyable chat with the family or by growing flowers on the veranda.

[2] One's home is the foundation of one's life, so one should strive to

make it cozy and comfortable. At home, one should be able to be mentally relaxed, and fulfill such physical requirements as eating and sleeping. Having a pleasant chat with the family or growing flowers on the veranda, for instance, may make one feel satisfied.

EXAMPLE 2

①最近活字離れが進んでいるようである。②本屋さんが本が売れなくなったと嘆いている。③インターネットが象徴するような情報のデジタル化が大きな原因だろう。④デジタル情報が得意とするところは情報の映像化と情報の遠隔配信である。⑤一方、書物は典型的にアナログ情報であって、⑥確かに、能率のよさではデジタルにはかなわないが、⑦手でページをめくれば情報が得られる簡便さには捨て難い魅力がある。

コメント

日本語では主語というか、厳密に言えばある動作、作用の主体が不明なことが多いが、この問題文でも、①は誰が活字離れを起こしているかはっきりしない。文脈からすると世の中全体の状況と取れるので、英語にする観点からはそれなりの主体表示があった方がよい。④は「XはYが得意である」という構造で、これは本来人称主語が適切な文構成だが、ここでは非人称主語（デジタル情報）が擬人的に扱われている。このままだと英訳に際して直訳的に be good at などを使いかねないので、英訳する観点からは別の言い方にする必要がある。⑤の「書物は典型的にアナログ情報」は「僕はうなぎだ」式の表現の短絡があるので、自然な英訳に導く観点からは表現を考え直す必要がある。以下に修正案を示してみる。

修正文

①最近世の中全体で活字離れが進んでいるようである。②本屋さんが

CHAPTER 19　日本語は状況に依存する——文構造について

本が売れなくなったと嘆いている。③インターネットが象徴するような情報のデジタル化が大きな原因だろう。④デジタル情報の大きな特徴は情報の映像化と情報の遠隔配信である。⑤一方、書物から得られるのは典型的にアナログ情報であって、⑥確かに、能率のよさではデジタルにはかなわないが、⑦手でページをめくれば情報が得られる簡便さには捨て難い魅力がある。

添削を要する英訳例

①People seem to be reading less books these days. ②Booksellers lament declining book sales. ③Digital information, as symbolized by the Internet, is no doubt greatly responsible for this. ④Its most remarkable characteristic is the visualization and telecommunication of information. ⑤On the contrary, what is available from books is typically analogue information. ⑥To be sure, analogue is less efficient than digital, ⑦but the simplicity that one can get necessary information when one turns pages is appealing [pleasant] enough to me.

GENERAL COMMENTS

抽象名詞過多の英文になっている。※英文を書く時は抽象名詞は控えめに使うこと。また、無理な同格構造が見られる。

SPECIFIC COMMENTS

Grammar & Usage

① 　reading less books ➡ reading fewer books
　　※**little, less, least** は非可算名詞と共に使われる。それに対して可算名詞と共に使われるのは **few, fewer, fewest**。
⑤ 　On the contrary ➡ On the other hand
　　※**on the contrary** は前言を否定するか、もしくは前言に反対する時に使う（例："I hear you are having a lot of fun here." "On the contrary, I'm having a hard time."）。それに対して on the other hand

は前言と異なる、あるいは対照的な事柄を導入する時に使う。

⑥ analogue is less efficient than digital ➡ analogue information is less efficient than digital information

　日本語の「アナログ情報」、「デジタル情報」はそれぞれ analogue, digital だけで表すことはできない点に注意。

⑦ the simplicity that one can get necessary information when one turns pages ➡ the simple joy of turning pages for necessary information

　下線部は日本文の直訳的構造で simplicity のあとに同格構造が続いているが、simplicity は同格節をとらない名詞。＊どの名詞が同格節を従えるかは、辞書でそのつど確認すること。

❺tyle & ❺peech ❶evel

② lament ➡ complain about

　lament は「慨嘆する」という日本語にあたるような形式ばった表現であるので、ここでは避けること。

④ the visualization and telecommunication of information ➡ that information can be visualized and telecommunicated

　本書の添削のひとつの方向は、節展開のダラダラした感じを名詞中心構文に切り替えて引き締まった文体を実現することではあるが、状況次第では名詞構文は望ましくない場合もある。ここの場合、名詞でまとめると -tion で終わる抽象名詞過多症に陥ってしまう。英語はあまり抽象名詞を好まない言語なので、ここではむしろ that 節展開にした方がよい。

MODEL ANSWERS

[1] People seem to be reading less and less these days. Booksellers complain that books don't sell as well as they used to. Digital information, as symbolized by the Internet, is no doubt greatly responsible for this. Its most remarkable characteristic is that information can be visualized and telecommunicated. On the

CHAPTER 19　日本語は状況に依存する──文構造について

other hand, what is available from books is typically analogue information. To be sure, analogue information is less efficient than digital information, but the simple joy [pleasure] of turning pages for necessary information is appealing [pleasant] enough to me.

2　Apparently, people are reading fewer books nowadays. Booksellers complain about declining book sales. One major cause for this is digital information, which is exemplified by the Internet. The capability of visualizing and telecommunicating things is the most salient feature of something being digital. By contrast, books typically offer analogue information. In terms of efficiency analogue information cannot compete with digital information, but the simple joy one derives from turning pages to obtain necessary information is something worthwhile.

EXERCISE

次の日本文に関して以下の (1)～(3) の設問に答えなさい。

> (1)現代は合理主義の時代である。(2)合理主義は物事に対する科学的態度を好む。(3)感情に振りまわされることなく、理性で物事を判断しようとする。(4)科学万能の現代にいかにもマッチした思想である。(5)ただ、合理主義のひとつの欠点は、科学的に理解できない非合理や神秘に対する関心が低いということだ。

(1)　主体・客体表示に関して、'英語的視点' から問題があると思われる箇所を指摘しなさい。
(2)　その箇所を、英訳する視点から適切に修正しなさい。
(3)　その上で、全文を英語に直しなさい。

MODEL ANSWERS

(1) この文では②で「XはYを好む」という文構造になっているが、英語の動詞 like の主語は生物、もしくは生物的要素が要求されることを考えると、英訳する観点から言えば、直訳的誤りを防ぐためには②は書き換える必要がある。③、④は主語・主体表示がない分あいまいに響くので、英訳に際しては適正な主語を補う必要がある。

(2) 以下に、修正文を提示する。

修正文

①現代は合理主義の時代である。②合理主義は物事に対する科学的態度を重視する。③合理主義者は感情に振りまわされることなく、理性で物事を判断しようとする。④その点で合理主義は科学万能の現代にいかにもマッチした思想である。⑤ただ、合理主義のひとつの欠点は、科学的に理解できない非合理や神秘に対する関心が低いということだ。

(3)

[1] Today is an age of rationalism. It emphasizes scientific approaches to things. In making judgements, rationalists employ reason; they are never controlled by emotions. In this, rationalism well suits modern life, in which sciencc is all-powerful. One disadvantage with rationalism, however, is its lack of interest in irrational or mysterious phenomena that may reject scientific approaches.

[2] We live in an age of rationalism. Being rational means being scientific in dealing with things. When judging something, rationalists rely on reason and they take great care not to be controlled by emotion. On this point, rationalism is compatible with this science-oriented age. However, rationalism is not without faults, one of which is that for the most part it neglects irrational or enigmatic things that science has trouble dealing with.

Chapter 20
擬声語・擬音語をどうするか

　平家物語の那須与一のくだりに、与一が平家側の軍船に翻る扇めがけて矢を放つところは「よっぴいでひやうとはなつ」とある。ここで「ひやう(ひょう)」というのは矢が矢弦(づる)を離れていきおいよく飛び出して行く時の音を擬した表現である。このよう擬声(音)語(オノマトペ)は、昔から日本語の特徴としてふんだんに使われてきて今日に至っている。日常を振り返ってみるとわれわれがいかにオノマトペを多用しているかがわかる。「ほかほか」ごはん、「じりじり」照りつける夏の陽射し、「ごくごく」のどを鳴らしてビールを飲む、「びしびし」しかる——このような表現は日本語としてはごく自然であり、ここでオノマトペの代わりに、「あったかい」ごはん、「きびしく」しかる、などのように普通の形容詞を用いるよりもはるかに生き生きとした表現のように感じられる。これらの日本語のオノマトペを英語で表すとしても、そっくりそのまま英語のオノマトペを当てるということは多くの場合できない。なぜならば、英語ではそもそもオノマトペを多用する言語習慣がないからである。

　この CHAPTER では、日本語の特徴のひとつであるオノマトペがどのような英語に対応するかを見ていくことにする。

EXAMPLE 1

①田中はネチネチ、ジトジトした根暗な性格でまわりから敬遠されている。②それに対して武藤はカラッとしてサバサバした性格なので、同僚への受けがいい。③ところが、先日の宴会で、武藤がヘロヘロに酔っ払って、女子社員にクダクダ説教を始めたもんだから、④あれ以来武藤の社内での人気はガタ落ちになってしまった。

コメント

こういう日本語に接すると、あらためて日本語と英語では対象把握の仕方、つまり世界の切り取り方が異なっているということを感じざるをえない。よく指摘されていることだが、※英語は一般的に、論理的、分析的、理知的であるのに対して、日本語は、感性的、情緒的な対象把握の仕方に特徴がある。その典型的な例が日本語におけるオノマトペの多用であろう。オノマトペは、物事を言葉でしっかりと理知的に把握するのではなく、物事にまつわる、音、動きなど物理的要素をそのままとらえるような趣があり、いわば言語的分析というフィルターを通さず、生のまま、素材のまま物事を感覚でとらえるような印象がある。昔から日本人はこのような物事の把握の仕方が得意であり、むしろこのような日本語のあり方こそ、日本語の本質的な一面と言えよう。一方、英語には日本語のようなオノマトペを多用する言語習慣はない。したがって日本語のオノマトペの醸し出す独特の語感を英訳するのは、非常に困難な場合が多い。オノマトペの英訳に際しては、たいていの場合、適切な動詞、形容詞、副詞を使うことで、何とかそれらしい意味になるようにするしかないであろう。

以下に、英語に直しやすくする観点から、オノマトペ以外の動詞、副詞、形容詞を使って EXAMPLE 1 を書き換えてみる。

修正文

①田中は不平が多く、性格も暗いのでまわりから敬遠されている。

CHAPTER 20 擬声語・擬音語をどうするか

②それに対して武藤はとても人当りがいいので、同僚への受けがいい。③ところが、先日の宴会で、武藤がものすごく酔っ払って、女子社員にしつこく説教を始めたもんだから、④あれ以来武藤の社内での人気は大きく落ち込んでしまった。

添削を要する英訳例

①Tanaka is avoided by others because he complains a lot and looks sullen all the time, ②whereas Muto is liked by his colleagues, for he is very nice in the way he interacts with others. ③But, at the party the other day Muto was totally drunk and preached to the female workers for a long time. ④So they began to avoid him.

GENERAL COMMENTS

文法・スタイルの観点から接続詞の用法に問題がある。また、態 (voice) の選択も適切とは言えない箇所がある。

SPECIFIC COMMENTS

Grammar & **U**sage

③ But, ➡ But

　※日本人学習者は but の次にコンマを置きがちだが、これは日本語の「しかし」の次に句点が置かれやすいことと関わりがあると考えられる。英語の but は however と異なり、次にコンマを置かないのが通例 (p. 111 参照)。

③ preached to the female workers ➡ nagged [complained to] the female workers for hours [persistently]

　英語の preach は牧師などが宗教的な意味での説教をする、という意味なので、この場合はふさわしくない。

④ So they began to avoid him. ➡ Since then his popularity has suffered a lot [awfully].

　ここでは '宴会での事件' 以来現在に至るまでの状況と考えて、現在

185

完了がふさわしい。

Style & **S**peech **L**evel

① Tanaka is avoided by others ➡ People (try to) avoid Tanaka
　※**by** 以下の動作主が **others, people** のように漠然とした名詞句である場合、わざわざ受動態で表現しないのが普通の書き方。そういう場合も含めて、一般に英語は日本語に比べて能動表現を好む言語であるという認識を持って英語を書く必要がある。

② for ➡ because
　※理由を表す従属接続詞 **for** はスタイルの観点からはやや形式ばった表現なので、会話体に近いような文体では避ける方がよい。

MODEL ANSWERS

1　People try to avoid Tanaka, who is a born nagger and looks sullen all the time, whereas Muto is liked by his colleagues because he is very nice in the way he interacts with others. But at the party the other day Muto was totally drunk and nagged the female workers persistently. Since then his popularity has suffered awfully.

2　Few people are close [friendly] to Tanaka because he is always complaining and looks cross [vexed] all the time. By contrast, Muto is popular with his colleagues because he knows how to get along with others. But at the party a few days ago Muto was totally intoxicated and, out of spite, criticized the female workers for hours. Since then people in the office have avoided [ignored] him.

CHAPTER 20　擬声語・擬音語をどうするか

EXAMPLE 2

①英語の文章はダラダラと書くものではない。②ダラダラと長いうえに内容がチマチマとどうでもよいようなもので、フワフワと何を言っているのかさっぱりわからないとなると、読み手はうんざりしてしまう。③英文を書く時はテキパキした簡潔性を心がけるべきだ。④そうすることで読者の理解を助けるべきである。

コメント

オノマトペが多用されていてこのままでは対応する英語表現が浮かびにくいので、英訳を容易にするという観点から、この文でカタカナ書きの部分をオノマトペ以外の表現で書き表してみる。

修正文

①英語の文章は長々と書くものではない。②長いうえに内容がどうでもよいようなくだらないもので、不明瞭で何を言っているのかさっぱりわからないとなると、読み手はうんざりしてしまう。③英文を書く時は張りのある簡潔な、しかも明快な文を心がけるべきだ。④そうすることで読者の理解を助けるべきである。

添削を要する英訳例

①When you write English, you should not write long essays. ②If your essays are long and unclear, and say almost nothing important, your readers will be fed up with them. ③Your English must be written clearly and shortly. ④That should help your readers understand what you say.

GENERAL COMMENTS

簡潔で明快な英語を書くべきだ、という主旨の英文にしては簡潔さ、明

快さともに十分とは言えない。全体的に冗長な英文になっている。それと、日本語の「文」「文章」の英訳は気をつけなければいけない。

SPECIFIC COMMENTS
Ｇrammar & Ｕsage

① essays ➡ sentences
　※日本語の「文」「文章」は状況によってさまざまな英語が対応する。大文字で始まってピリオドで終わる、文法的な単位としての「文」は **sentence** である。複数のパラグラフからなるまとまった読み物としての「文」ならば **passage, essay** などが対応する。「君は文章がうまい」は 'You're a good writer / Your style is good' などが考えられる。この場合は、文法的な単位としてとらえるのが適切。

② essays
　①と同様。

③ Your English must be written clearly and shortly. ➡ Your English must be clear and have a business-like brevity [shortness].
　「明快な」は clear で十分だが、「張りのある簡潔な」は short だけでは十分とは言えない。さらに、ここで受動態を使う格別の理由はない(書くのは読者という前提があるため、わざわざ by 以下の動作主を省略した受動態にする必要はない)。

Ｓtyle & Ｓpeech Ｌevel

② If your essays are long and unclear, and say almost nothing important, your readers will be fed up with them. ➡ Long and unclear sentences saying almost nothing important make readers sick.
　ここでは〈条件節＋主節〉という形にせず、無生物主語構文にすることで簡潔な文になる。

③ what you say ➡ you
　英語のひとつの特徴は human-centered (人間中心) のもののとらえ方をする点。「私の言うことを聞きなさい」は 'Listen to me'、「私の声聞こえますか」は 'Can you hear me?' となる。それぞれ「私の言う

CHAPTER 20　擬声語・擬音語をどうするか

こと」「私の声」が英語では 'me' だけで表される点に注意。

MODEL ANSWERS

1. When you write English, you should not write long sentences. Long and unclear sentences saying almost nothing important make readers sick [put readers off]. Your English must be clear and have a business-like brevity. That should help your readers understand you.

2. You should try not to make your sentences long when you write English. Having to read long and unclear sentences with no substantial contents is troublesome for readers. Your English must be concise and clear so that readers will have little trouble understanding you.

EXERCISE

次の日本文に関して以下の (1)〜(3) の設問に答えなさい。

> ①50 の坂を超えたせいかどうも最近体がシャキッとしない。②食欲も若い頃のようにモリモリ食べるというわけではない。③そして体が疲れやすくなっていることは確かだ。④2〜3 時間仕事を続けると、ヒーヒーいう感じだ。⑤健康のために最近ジョギングを始めたが、ものの 7〜800 メートルも走らないうちにゼイゼイと息が切れる始末で、なんとも情けない限りだ。

(1)　オノマトペを指摘しなさい。
(2)　その上で、それらをオノマトペ以外の表現にしてみなさい。
(3)　その上で、全文を英語に直しなさい。

MODEL ANSWERS

(1) ① シャキッと、② モリモリ、④ ヒーヒー、⑤ ゼイゼイ

(2)

修正文

①50の坂を超えたせいかどうも最近体力が落ちてきている。②食欲も若い頃のように大食いするわけではない。③そして体が疲れやすくなっていることは確かだ。④2～3時間仕事を続けると、とても疲労する。⑤健康のために最近ジョギングを始めたが、ものの7～800メートルも走らないうちに息が切れる始末で、なんとも情けない限りだ。

(3)

1. Perhaps because I'm on the wrong side of fifty, I feel I'm getting weaker these days. When I was young, I used to eat like a horse, but now I eat just like a bird. And one certain thing is that I get tired too easily. Working for only a couple of hours is exhausting. Recently, I started jogging to keep fit, but, to my disappointment, I found myself gasping before I ran half a mile.

2. I'm in my fifties, and perhaps that's why I feel my physical strength is declining these days. When I was much younger, I used to eat a lot, but now I don't. And I cannot deny that I get tired too quickly. Working for only two or three hours makes me feel I'm a physical wreck. Recently, I began to jog for fitness, but I was depressed to find myself losing my breath before I ran half a mile.

Chapter 21
間接指示を好む日本語

※日本語では、'指示の拡散'とでも言えるような現象が非常に多く見られる。人を誘う時「お茶でもいかがですか」と言うが、この場合の「でも」を「を」と置き換えてみると、「でも」の間接指示性がよくわかる。ここではお茶だけを唯一の選択肢とするのではなく、もしお望みならば、その他の飲み物でも結構ですよ、というふうに、広義の'お茶の類'（コーヒー、ソフトドリンク、場合によってはビールなど）を漠然と指示することで、相手に選択の余地を与え、押し付けがましい印象を最小限にとどめている。これが「を」ならば、その直示性のために、誘われた方はお茶以外の選択ができない感じで、状況次第では押し付けがましく感じる可能性がある。このような日本語の間接指示性の高さは、日本人が言葉を使う時、対人的な意味での当たりの柔らかさを特に好む、ということと、また、日本人が物事を、直接的に、輪郭が際立つように表現することを本来好まない、ということと関わりがあるようである。

このCHAPTERでは、上に述べたような間接指示を好む日本語が、本来直接指示性の高い英語とはいかに対照的な言語かということについて見ていきたい。

EXAMPLE 1

①どうも私のような、古いタイプの人間は、現代のような情報化社会にはマッチしていないような気がする。②私には、携帯など持ち歩く人間の気が知れないのである。③あんなもの持ち歩いてしょっちゅうピーピー鳴らしながら、喋りまくっているのを見ると、何やら薄気味悪い思いがする。④それとも、携帯などというやつも、今はやりの'癒し'の道具みたいなもので、とにかく、どうでもいいようなことを誰かれとなくしゃべることが、カタルシスになっているのかもしれない。

コメント

　この日本文は、日本語が多少わかる英語のネイティブスピーカーが英語に直そうとする時、非常に訳しにくい、極めて日本的な文章と感じる種類のものである。その原因は、この和文全体に散りばめられている数々の間接指示表現にある。※日本語では、「みたい」「ような」「など」「なんか」「あんな」「そんな」「こんな」といった、直接指示を回避するための表現が使われる頻度が非常に高い。X を「X」と直接指示せず、「X のような / など / なんか」のように類型表示ともとれる間接表示で表し、「あれ」「それ」「これ」と言う代わりに、「あんな」「そんな」「こんな」という、同様な類型表示を使う傾向が日本語話者の大きな特徴である。それに加えて、そこはかとない印象を作り出す上で効果のある、「どうも」「なんとなく」「何やら」などが頻出すると、一般的に明快性、直接指示性を基本的な特徴とする英語散文の世界とは対極の言語世界が生まれる可能性が高いのである。

　このような非直示性を生み出すための言語表現は、先に述べた、語尾の言い切りを避ける日本語の一般的傾向と同様の言語的・文化的現象と言えよう。いずれにせよこの日本文をそのまま英語にすれば、such ～ as, like などを使いすぎることになり、極めて日本語的な英文になってしまう。この和文は、日本語としては自然であり、別に手直しする必要はないが、英

CHAPTER 21　間接指示を好む日本語

訳するためには、英語に直す前の、英語一歩手前の日本文として以下のようにする必要がある。

修正文

①私は古いタイプの人間で、現代の情報化社会にはマッチしていない気がする。②私には、携帯を持ち歩く人間の気が知れないのである。③携帯を持ち歩いてしょっちゅうピーピー鳴らしながら、喋りまくっているのを見ると、薄気味悪い。④それとも、携帯も、今はやりの'癒し'の道具であって、とにかく、どうでもいいようなことを誰かれとなくしゃべることがカタルシスになっているのかもしれない。

添削を要する英訳例

①I'm a traditional guy, and I feel this Information Age isn't necessarily suitable for me. ②I have little idea what makes so many people carry mobile phones. ③The sight of a person who talks loud on a mobile phone while walking along is weird. ④The mobile phone may be just a healing device; that is, for modern people, to use the mobile phone and to talk about petty things with whoever they like could be catharsis.

GENERAL COMMENTS

日本語でよく使われる表現の英訳が適切とは言えない。

SPECIFIC COMMENTS

Grammar & Usage

③　The sight of a person who talks loud on a mobile phone while walking along is weird. ➡ The sight of someone talking loud on a mobile phone while walking along is weird.

　　日本語の原文では携帯電話でしゃべっている主体がはっきりしないが、そういう場合の不特定人称(単数)としては person ではなく someone が一般的に用いられる。さらにそのあとは関係詞構造にするより

は(ここでは非進行形の talks となっているのでその点でも不適切)、後位分詞(名詞句のあとに直結して置かれる分詞) talking として someone に直結する方がよい。

④ just a healing device ➡ just another sedative
　　一般的に heal は主として傷を治すという意味で使われる。ここでは気持ちを落ち着かせるもの、という意味で sedative がふさわしい。

④ catharsis ➡ therapeutic
　　英語の catharsis は、強い、あるいは激しい感情を何らかの手段(書く、話す等)で表現したり経験することで鎮静させることを言う。ここでは、気を紛らすとか落ち着かせるという意味の therapeutic がふさわしい。

❺tyle & ❺peech ❶evel

① this Information Age isn't necessarily suitable for me ➡ this information-oriented age doesn't suit me
　　Information Age というと、たとえば the Stone Age (石器時代) と同列的な時代区分をいう感じで、すでにそのような歴史区分が確定しているかのような印象があり、適切とは言えない。あとの述語の部分は suit を用いてより簡潔に表せる。

④ for modern people, to use the mobile phone and to talk about petty things ➡ for people today, using the mobile phone and talking about petty things
　　「現代人」のつもりで modern people と言うと「モダンな人々」の意味になるので people today とする。また、主語として動詞句を立てる場合、to 不定詞よりも ing 形の方が文体的に適切。

MODEL ANSWERS

[1]　I'm a traditional guy, and I feel this information-oriented age doesn't suit me. I have little idea what makes so many people carry mobile phones. The sight of someone talking loud on a mobile phone as they walk along is weird. The mobile phone may

be just another sedative; that is, for people today, using the mobile phone and talking about petty things with whoever they like could be therapeutic.

2　I feel this information-oriented age is the wrong time for outmoded [old-fashioned] people like me. I wonder why such a large number of people carry cell phones with them. Whenever I see someone walking on the street and talking in a loud voice over the cell phone, I feel sick. One could say that soothing people's nerves is what the cell phone is expected to do. For people in modern times, talking about trivial things over the cell phone with whoever they like may be a good way to get a load off their chests.

EXAMPLE 2

①私など、趣味と言えるほどのものは何もない人間です。②時間がある時は家でテレビでクイズ番組なんかを見るか、テレビゲームなどをやったりしています。③気が向けば料理なんかもやります。④得意と言えるのはチャーハンと焼きそばといったところです。⑤もともと外に出るのがおっくうなタイプなので、仕事がない時は家にいることが多いです。

コメント

この文も「など」「なんか」「といったところ」などの間接指示表現が目立つので、以下に、英訳する観点からもう少し直接指示表現に変えたものを提示してみる。

修正文

①私は、趣味は何もない人間です。②時間がある時は家でテレビでク

イズ番組を見るか、テレビゲームをやったりしています。③気が向けば料理もやります。④得意と言えるのはチャーハンと焼きそばです。⑤もともと外に出るのがおっくうなタイプなので、仕事がない時は家にいることが多いです。

添削を要する英訳例

①I have no particular favorite pastime. ②When I have free time I watch quiz programs on TV or play a video game. ③I cook when I think I want to do. ④I'm good at cooking fried rice and chow mein. ⑤By nature, I don't like to go out, so when I'm off I usually stay home.

GENERAL COMMENTS

日本語から類推した直訳的誤りが目立つ。

SPECIFIC COMMENTS

Ｇrammar & Ｕsage

② a video game ➡ video games
　　ここで不定冠詞を使って単数にすると、ある特定のテレビゲーム(たとえばプレステ2)だけをいつも使っているような意味になるので、漠然といろいろなテレビゲームを意味するために複数形にする必要がある。

③ when I think I want to do ➡ when I want to
　　※「〜したいと思う」という日本語から類推して think と want を組み合わせてしまう誤りが多い。英語の want 自体が「〜したいと思う」という日本語にあたる点に注意。またここでは 代動詞の do は不必要。代不定詞の to でとめる必要がある。

⑤ By nature,
　　省略する。※英語の単純現在時制は、ある事柄の習慣的特質、性質、本質を表すことができる(例: I don't drink. (私は酒は飲みません) / I like sea food. (私はシーフードが好きです))。したがってここでは by

CHAPTER 21　間接指示を好む日本語

nature をわざわざつける必要はない。

ⓢtyle & ⓢpeech ⓛevel

② free time ➡ time
「暇な[自由な]時間」と言う時、わざわざ free をつけなくてもよい。
④ I'm good at cooking fried rice and chow mein. ➡ My fried rice and chow mein are very good.
be good at の形でもよいが、添削例のような単純な書き方にすることもできる。

MODEL ANSWERS

1 I have no particular favorite pastime. When I have time, I watch quiz programs on TV or play video games. I cook when I feel inclined to. My fried rice and chow mein are very good. I don't like to go out, so when I'm off (work) I usually stay home.

2 I have no particular hobby. When I'm free, I watch quiz programs on TV or play computer games at home. I cook when I want to. I recommend you try my fried rice and chow mein. I'm a couch potato, so I'm usually at home whenever I'm off (work).

EXERCISE

次の日本文に関して以下の (1)〜(3) の設問に答えなさい。

①人間などというものは、ちょっと話したぐらいでは到底その人物の性格などわかるものではない、ということはだいたい正しいようである。②しかし場合によっては、初対面の人とわずかに言葉を交わしただけで、その人物のことがわかるような感じになることもあり、そういった場合、まるでその人物とは何百年も前からつき合っているような気分になるものだ。

(1) 間接指示表現と思われるものを指摘しなさい。
(2) それらを可能な限り除去した形で全文を修正しなさい。
(3) その上で、全文を英語に直しなさい。

MODEL ANSWERS

(1) ①「などというもの」「など」、②「ような感じ」「そういった」
(2)

修 正 文

①人間はちょっと話したぐらいでは、到底その人物の性格などわかるものではない、ということはだいたい正しいようである。②しかし場合によっては、初対面の人とわずかに言葉を交わしただけでその人物のことがわかることがあり、その場合、まるでその人物とは何百年も前からつき合っているような気分になるものだ。

(3)

1. You cannot tell what someone is like by talking to him or her for just a few minutes. This is generally true. But sometimes you can understand someone you've never seen before by exchanging only a few words. In that case, you feel as if you've known the person for centuries.

2. Exchanging a few words with someone is not enough to understand his or her character. This is true in most cases. But sometimes just a few minutes' talk with someone enables you to have an overall picture of the person. Cases like that make you feel as if he or she's been familiar to you for ages.

Chapter 22
同じ名詞や動詞のくり返し

　※英語と比べると、日本語は代名詞(代動詞)表現をそれほど多用しない言語である。英語では名詞や動詞を受けて it, this, that, these, those, they, one, he, she、do, does 等がふんだんに使われるが、日本語では同一の名詞語句、動詞語句を同一文中、あるいは同一段落内でくり返し使うことは別に不自然ではない。たとえば、「日本の山は美しい。高い山も、低い山も、また険しい山もなだらかな山も、それなりの美しさを秘めている」という文では「山」という語句が5回くり返されているが、ごく自然な日本文である。これを英訳するとすれば Japanese mountains are beautiful; high ones, low ones, steep ones and gentle ones are beautiful in their own way となり、mountains という名詞は一度だけで、あとは ones という代名詞で表すことになる。※日本語では同一の名詞句や動詞句などのくり返しに比較的寛容なため、日本語の文章では必要以上にくり返しが見られることが多い。そしてそのことが、日本人の書く英語に必要以上に同一語句反復が多く見られることの原因になっていると考えられる。
　この CHAPTER では、日本語での同一名詞句や動詞句などの反復の多さに着目してそれが英文とどのように対応するかについて見ていく。

EXAMPLE 1

①小学生の頃、私の夢は宇宙飛行士になることでした。②中学生になると、少し夢も変化し、プロ野球の選手になりたいという夢に変わりました。③10代は心の揺れ動く時期でもあるので、高校生になるとまた様変わりして、今度はオーケストラの指揮者になりたいという見果てぬ夢を抱くようになりました。④少しは音楽の勉強をしてはみたのですが、もともと素質がなかったようで、指揮者になる夢は結局かないませんでした。⑤30代になった今、私の夢は一流のシェフになることです。⑥料理は小学生の頃から好きだったのでこの夢は実現できそうな気がしています。⑦自分の生き方として、自分の夢にこだわって生きていくのが自分でも結構気に入っているのです。

コメント

　日本語は英語に比べて、同一語句の反復に対して比較的寛容な言語と言える。次の文章を見ていただきたい。「田中君がリストラされたという話聞いたよ。今はリストラばやりだから他人事とは思えないね。そのうち気がついたら自分もリストラされてたなんてことになりかねないよ」このわずか2行程度の文章で3度リストラという表現が使われているが、日本語話者の視点からは、取り立てて不自然でもなく、抵抗なく読むことができる。しかし、この文を英訳するとすれば、この程度の短い文中で3度同一表現を使うのは文体の面から、ぎこちない書き方と言わざるをえない。英語の場合、同一語句のくり返しを避けるために、主として (1) 代名詞化、(2) 省略、(3) 同義語使用、などの手法が一般に用いられる。

　EXAMPLE 1 では、10行の文章で8回「夢」という表現が使われている。この日本文を英語で表現する場合、「夢」に対してすべて同一の英語表現で表すと文体的にぎこちないので、上に挙げた (1)～(3) を適宜用いてくり返しを避けるように工夫する必要がある。以下に英訳しやすさを念頭に置いた EXAMPLE 1 の代案を示してみる。

CHAPTER 22　同じ名詞や動詞のくり返し

修　正　文

①小学生の頃、私の夢は宇宙飛行士になることでした。②中学生になると、少し心変わりして、プロ野球の選手になりたいと思うようになりました。③ところが、高校生になるとまた様変わりして、今度はオーケストラの指揮者になりたいという野心を持つようになったのですが、見果てぬ夢に終わりました。④少しは音楽の勉強をしてはみたのですが、もともと素質がなかったようで、指揮者になることはできませんでした。⑤30代になった今、私の夢は一流のシェフになることです。⑥料理は小学生の頃から好きだったのでなれそうな気がしています。⑦自分の生き方として、自分の夢にこだわって生きていくのが自分でも結構気に入っているのです。

添削を要する英訳例

①When I was a schoolboy, my dream was to be an astronaut. ②When I was at junior high school, however, I changed my mind, and I hoped to be a professional baseball player. ③I changed my mind again when I was at high school. I came to have an ambition to become an orchestra conductor, but that was an impossible dream. ④I studied music a little bit, but my poor talent prevented me from becoming an orchestra conductor. ⑤I'm now in my thirties and I do want to be a first-rate chef. ⑥I've been fond of cooking since I was at primary school, so I think this dream will come true. ⑦Sticking to my dream is my way of life.

SPECIFIC COMMENTS

同一表現のくり返しを避けることがこのCHAPTERのねらいであるにしては、全体的に同一表現のくり返しが目立つ。

SPECIFIC COMMENTS

Grammar & **U**sage

③ I came to have an ambition to become an orchestra conductor ➡ I was ambitious enough to be [become] an orchestra conductor

　動詞句 come to do の do の部分には動作や状態を表す動詞ではなく、understand, realize, feel, know などの認識を表す動詞が用いられる点に注意(p. 50 参照)。

⑥ so I think this dream will come true ➡ so things seem promising this time

　ここで this dream は何を指すのか判然としない。前の文の first-rate chef を指すには少し距離がありすぎる。さらにここでまた dream を使うと全体的に dream を使いすぎることになるので、まったく別の表現を考えた方がよい。

⑦ Sticking to my dream ➡ Sticking to my dreams

　ここでは今現在の夢(一流のシェフになること)も含めて、いろんな夢にこだわって生きるというふうに考えて dream は複数形がふさわしい。

Style & **S**peech **L**evel

② and I hoped ➡ hoping

　英語の文章はあまり and を使って接続するよりは、必要に応じて分詞を使って接続した方がなめらかな文章ができあがる。

④ my poor talent prevented me from becoming an orchestra conductor ➡ my poor talent prevented my wish from coming true

　become an orchestra conductor はすでに使われているので、単調なくり返しを避けるために意味を変えない程度に表現のバラエティを考える必要がある。

MODEL ANSWERS

[1]　When I was a schoolboy, I wanted to be an astronaut. When I was at junior high school, however, I changed my mind, hoping to be

a professional baseball player. There was a shift in my dream again when I was at high school. I was ambitious enough to want to become an orchestra conductor, which turned out to be an impossible dream. I studied music a little bit, but my poor talent prevented my wish from coming true. I'm now in my thirties and want to be a first-rate chef. Cooking has been in my blood since I was at primary school, so things seem promising this time. Always having dreams has become my way of life.

2. When I was at primary school, I wished to be an astronaut. When I was at junior high school, however, a professional baseball player was what I wanted to be. As a high school student, my dream changed again; being an orchestra conductor was my ambition. I found it a frustrating one, however. I studied music a little, but I wasn't gifted enough to conduct an orchestra. I'm now in my thirties and I'm desperate [dying] to be a first-rate chef. Cooking has been one of my favorite things since I was a schoolboy, and my future perspective seems bright this time. Anyway, I like the idea of struggling to realize my dreams.

EXAMPLE 2

①私は自然とふれあうために、時々ひとりで山歩きをします。②山道を歩くと、いかにも山の新鮮な空気とふれあっているという気がします。③途中足を止めて耳を澄ますと、小川のせせらぎの音が心地よく響きます。④ふだんの暮らしのなかでは家族、友人とのふれあい、また、地域の人々とのふれあいがあり、それはそれなりに楽しいのですが、自然とのふれあいも楽しいものです。⑤昼間でもうっそうと暗い山道をひたひたと歩いていると、山の精霊と自分の心がふれあうような気分になることがあって、とても幸せな気持ちになります。

コ メ ン ト

「ふれあい」はおそらく日常日本語の中で最も多用されている表現のひとつである。この文章では計6回「ふれあう・ふれあい」が使われている。ここで注意すべきことはこの「ふれあい」という表現の抽象度の高さである。「ふれあい」の解釈は文字どおり「さわる」、「ふれる」という意味での物理的接触と、コミュニケーション等の非物理的接触に分けて考える必要がある。いずれにせよこの問題は、このままでは具体性に乏しいため、英訳する上で適切な表現を選ぶのに困難があると思われるので、以下のように書き換えてみる。

修 正 文

①私は自然とふれあうために、時々ひとりで山歩きをします。②山道を歩くと、山の新鮮な空気が味わえます。③途中足を止めて耳を澄ますと、小川のせせらぎの音が心地よく響きます。④ふだんの暮らしのなかでは家族、友人とのコミュニケーション、また、地域の人々との関わりがあり、それはそれなりに楽しいのですが、ひとりで自然とふれあうのも楽しいものです。⑤昼間でもうっそうと暗い山道をひたひたと歩いていると、山の精霊と語り合っているような気分になります。

添削を要する英訳例

①I sometimes walk in the mountain to feel nature. ②Walking along a way in the mountain, I enjoy the fresh air of the country. ③When I stop on the way and listen carefully, I can listen to a stream flowing. ④Talking to my family, friends, and locals in everyday life is pleasurable in its own way, but touching nature by myself is also enjoyable. ⑤When I'm walking on mountain paths which are dim even in the daytime, I feel as if I am communicating to the spirits living there.

SPECIFIC COMMENTS

動詞の用法に関していくつか基本的な誤りが見られる。

CHAPTER 22　同じ名詞や動詞のくり返し

SPECIFIC COMMENTS

Grammar & **U**sage

① walk in the mountain to feel nature ➡ walk in the mountains to commune with nature

　「山歩き」は walk in the mountains が正しい。もし、複数 mountains の代わりに単数 mountain とすると、山の中の洞穴 (?) を歩くような意味になってしまう。また、「自然とふれあう」で feel nature と言うと、touch nature と同様、自然に文字どおり「さわる」という意味になってしまう。動詞 commune は言葉を用いることなく心を通わすという意味があり、①の場合適切な表現と言える。

② a way in the mountain ➡ a mountain path

　※英語の **way** は、たとえば、市街地の道（**street**）や 道端に建物がない田舎道（**country road**）などのような具体的な道、道路そのものではなく、**'Go this way'** などの言い回しでわかるように、道筋、方向、道順などの概念に近い言葉である点に注意。

③ listen to ➡ hear

　日本語の「聞く」「聞こえる」がそれぞれ listen と hear に対応すると考えるよりも、次のようなとらえ方の方が誤解が少なくてすむ。※**listen** は実際に聞こえるかどうか結果はともかくとして、耳を澄ます、それに対して **hear** は実際に何かが聞こえる、つまり音として認知できる、という意味の違いがある。したがって 'I can listen to the sound' のような表現は不可。

④ touching nature by myself ➡ spending time by myself in the country

　①で述べたとおり、touch nature では文字どおり自然にさわることになる。

Style & **S**peech **L**evel

③ a stream flowing ➡ a brook running

　「小川のせせらぎ」はイメージとしては山の細流というところなので、stream より川幅のさらに狭い brook の方がより適切であろう。

⑤ When I'm walking ➡ Walking

205

英語の分詞構文は、情景描写などにおいて、2つ以上の事柄が同時進行している状況で、一方を分詞で表すのが最もふさわしい構文(p. 116 参照)。ここではむしろ接続詞 when を使わない方がより適切。

MODEL ANSWERS

1. I sometimes walk in the mountains to commune with nature. Walking along a mountain path, I enjoy the fresh air of the country. When I stop on the way and listen carefully, I can hear a brook running. Talking to my family, friends, and locals in everyday life is pleasurable in its own way, but spending time by myself in the country is also enjoyable. Walking on mountain paths which are dim [dark] even in the daytime, I feel as if I am [was / were] communicating with the spirits living there.

2. For contact with nature, I occasionally walk in the mountains. Treading on a mountain path, I enjoy the fresh air of the countryside. I often make a brief stop along the path and listen carefully, then I hear the pleasing sound of a brook. I find daily contact with my family, friends, and local people interesting in its own way, but taking a solitary trip in the country is also exciting. Walking along country paths which are dim [dark] even in the daytime makes me feel as if I am [were / was] interacting with the spirits in the mountains.

CHAPTER 22　同じ名詞や動詞のくり返し

EXERCISE

次の日本文に関して以下の (1) ～ (3) の設問に答えなさい。

> ①先日、君はなかなか文章がうまいと上司にほめられて、うれしかった。②自分では別に文章がうまいとは思わないが、文を書く時に心がけているのは、一読して読者が理解できるような明快な書き方である。③悪文を書く人はあまり読者のことを考えていないのではないかと思う。④要するに文章の下手な人は自分が書きたいことを、文の構成など考えずにただ書くだけということではないか。

(1)　くり返しの多い表現を指摘しなさい。
(2)　その表現を、適度に言い換えてみなさい。
(3)　その上で、全文を英語に直しなさい。

MODEL ANSWERS

(1)　「文章」「文」
(2)

修正文

> ①先日、君はなかなかの文筆家だと上司にほめられて、うれしかった。②自分では別に文筆家だとは思わないが、文を書く時に心がけているのは一読して読者が理解できるような明快な書き方である。③悪文を書く人はあまり読者のことを考えていないのではないかと思う。④要するに、悪文家は自分が書きたいことを、中身の構成など考えずにただ書くだけということではないか。

(3)

1　The other day I was very happy when my boss told me that I'm a good writer. I don't think I'm a good writer, but when I write I always try to express myself clearly so that readers will understand me at first reading. Poor writers perhaps don't think much about their readers. To put it another way, poor writers just write as they please with very little concern about how to organize the content.

[2] A few days ago my boss, to my great pleasure, said nice things about my writing. I don't think I'm good at writing, but whenever I write, I try to be lucid in style so that readers will understand what I say without having to read twice. Perhaps bad writers don't express themselves in a reader-friendly style. In other words, bad writers just write without attending to organizing what they have to say.

Chapter 23
「なる」の多用

　日本語は「なる」で息づいている、と言えるほど「なる」は日本語動詞句の中核的要素である。「歩けるようになる」「全部で 3 万円になります」「大人になったら」「幸せになりたい」等々、「なる」は日本語の一部としていたるところに顔を出してくる。これはひとつには、「なる」が日本語の敬語・丁寧表現のあり方と深く結びついているためでもある。「田中先生がお見えになりました」「おわかりになりますか」「このたびめでたく結納の運びと相成り」など、日本人の言語生活の中で「なる」は不可欠の定番動詞である。ただ、多少行き過ぎた「なる」の使用が散見されるのも事実である。たとえば、駅のアナウンスなどで、「この電車は 7 時 43 分の出発になります」とか、店員が客の注文を受ける時、「グレープフルーツジュースになります」といって厨房に伝達するのなどが、その例である。

　※日本語の「なる」は、本書でくり返し指摘している '日本語的あいまいさ' に寄与している一面もある。たとえば「私、このたび退職することになりました」と言うと、本人の意志で「退職する」のか、あるいはリストラ等で第三者の意志により「退職することになった」のか判然としない。別の例を挙げると、「あの空き地は駐車場になりました」と言うと、いかにも「空き地」が自然に、あるいは自発的に「駐車場になった」かのような印象を受ける。当然のことながら、空き地が自然に駐車場に「なった」のではなく、空き地の所有者が空き地を駐車場に「した」のである。このように、※日本語の「なる」は誰が [何が] 誰を [何を] どうする、という因果関係をあいまい模糊としたものに見せかける働きがある。「なる」のこのような働きは、物事の輪郭を際立たせるような論理性の高い、明快な表現を好まな

い日本語文化の一般的傾向と合致する面があるように思われる。
　このCHAPTERでは、日本語で使用過多になりやすい「なる」を、対英語表現という視点からどう処理するかについて考えてみたい。

EXAMPLE 1

①私は30歳になりました。②最近は酒がおいしいと思うようになってきました。③近頃はワインにはまるようになり、日本のワインだけでなく、世界各地のワインを試すようになりました。④赤ワインは体にいいということで、最近赤ワインを飲む日本人が多くなってきたらしいのですが、僕は白ワイン派で、特にドイツのモーゼルワインを飲むのが日課になっています。

コメント

　このエッセイ風の日本文では「なる」が6回使われている。やや「なる」が多い、という印象はあるが、日本語としては別段不自然でもなく、日本語の観点からは添削・修正の要は特に感じられない。しかし、このまま英訳しようとすると、日本語の「なる」に引きずられてbecome, come to do 等が多くなる可能性が高いので、英訳を助ける観点に立って以下のように修正してみる。

修正文

①私は30歳になりました。②最近は酒がおいしいです。③近頃はワインにはまっていて、日本のワインだけでなく、世界各地のワインを試しています。④赤ワインは体にいいということで、最近赤ワインを飲む日本人が多いらしいのですが、僕は白ワイン派で、特にドイツのモーゼルワインを飲むのが日課です。

添削を要する英訳例

①I've become thirty. ②I begin to understand the taste of liquor these days. ③I'm partial to wine. I drink not only Japanese one, but one from many different parts of the world. ④I understand many Japanese drink red wine nowadays just because it is said that red wine is good for our health, but I like white wine much better, and I drink Moselle wine made in Germany every day.

GENERAL COMMENTS

修正文の段階でも、英訳に際してまだ日本語の「なる」に影響されている節がある。

SPECIFIC COMMENTS

Grammar & Usage

① I've become thirty. ➡ I'm thirty.
　　「30歳になりました」は「30歳です」と考える。一般に「〜歳になる」を become を使って表すのは不可。

② I begin to understand the taste of liquor these days. ➡ I enjoy drinking these days.
　　ここで I begin to... とするのは「酒の味がわかるようになる」という日本語表現の直訳的誤訳であり、しかも動詞の選択の誤りも含む。全体を I'm beginning to enjoy drinking these days とすればよくはなるが、be beginning to も落とした方がより自然な表現になる。

③ not only Japanese one, but one ➡ not only Japanese wine, but wine
　　※代名詞の **one** は受ける名詞が可算名詞の場合に可能であり、wine のように非可算名詞の場合は不可。

Style & Speech Level

④ it is said that red wine is good for our health ➡ it is said to be good for one's health
　　仮主語の It を使った〈It is said that X is Y〉はやや形式ばった表現なので、ここでは前出の red wine を代名詞 it で受け、全体を〈X (it) is said to be Y〉の構造にする方がより自然。また、our health

の our は「特定の集団であるわれわれの」という意味になるので、一般人称の one's に変える。

④ Moselle wine made in Germany ➡ German Moselle
　　ここでは made in を使うと冗長になるので、添削例のようにする。

MODEL ANSWERS

1. I'm thirty. I enjoy drinking these days. I'm partial to wine. I drink not only Japanese wine, but wine from many different parts of the world. I understand many Japanese drink red wine nowadays because it is said to be good for one's health, but I like white wine much better, and I drink German Moselle every day.

2. I'm thirty. These days I'm more fond of drinking than I used to be. I love wine in particular. I'm trying wine produced in various places of the world, as well as Japanese wine. I hear that these days a lot of Japanese are drinking red wine, which is said to be healthy, but I prefer white wine, and drinking German Moselle is part of my daily routine.

EXAMPLE 2

　①私は45歳になりました。②最近は、若い頃のように無理がきかなくなったと思います。③30代の頃は何日も延々と残業が続いても体調が悪くなったりしませんでしたが、最近は1日2日残業をしただけで疲れが1週間ぐらい残るようになりました。④それに若い頃は風邪を引いても2、3日で治っていましたが、近頃は治るのに1週間も10日もかかるようになりました。⑤そういうわけで今は、昔ほど自分の健康に自信が持てなくなってきています。

CHAPTER 23 「なる」の多用

コメント

この日本文も「なる」が6回使われている。EXAMPLE 1 と同じように、自然な英語で表現することを助ける観点から、以下のように修正してみる。

修正文

①私は45歳になりました。②最近は、若い頃のように無理がききません。③30代の頃は何日も延々と残業が続いても体調が崩れることはありませんでしたが、最近は1日2日残業をしただけで疲れが1週間ぐらい残ります。④それに若い頃は風邪を引いても2、3日で治っていましたが、近頃は治るのに1週間も10日もかかります。⑤というわけで、今は、昔ほど自分の健康に自信が持てません。

添削を要する英訳例

①I'm forty-five. ②These days I cannot work as hard as I used to in my youth. ③When I was in my thirties, I could keep my health even working overtime for many days, but now I cannot recover from my fatigue for about a week after working overtime for just one or two days. ④Furthermore, when I was young, it used to take just a few days to recover from a cold, but now it takes seven to ten days to get rid of a cold. ⑤I'm not confident of my health nowadays.

GENERAL COMMENTS

語彙の選択の面で形式ばったものが散見される。それと、既出の情報を省略することで簡潔な文章を作るという意識が足りない。

SPECIFIC COMMENTS

Grammar & Usage

③ I could keep my health even working overtime for many days ➡ I felt fine even when I worked overtime for days

keep one's health は日本語からの直訳的英語。また、even working は前半との接続が文法的に適切ではない。また、for many days

の many を取る方が自然。

③ I cannot recover from my fatigue for about a week ➡ I'm tired for about a week

　　ここでは recover from my fatigue は日本語からの直訳的英語。

④ a few days ➡ two or three days

　　英語の few は漠然とした少数を表し、かならずしも 2～3 という数を表すわけではない点に注意。

⑤ I'm not ➡ I'm less

　　ここでは昔に比べて、という比較の概念が必要。

Style & Speech Level

② in my youth ➡ when I was young

　　ここでは in one's youth は形式ばった表現。

④ Furthermore ➡ Besides

　　「さらに」の意味の furthermore も形式ばった表現。

④ to get rid of a cold

　　この直前の節で同じ構文があり、ここでは単なる反復になるので省略する。

MODEL ANSWERS

1　I'm forty-five. These days I cannot work as hard as I used to when I was young. When I was in my thirties, I felt fine even when I worked overtime for days, but now I'm tired for about a week after working overtime for just one or two days. Besides, when I was young, it used to take just two or three days to recover from [get over] a cold, but now it takes seven to ten days. I'm less confident of my health nowadays.

2　I'm forty-five. These days I find myself unable to work as hard as I used to when I was young. When I was in my thirties, working overtime for days was OK with me, but now working overtime for just one or two days makes me feel tired for about a week. When I was young, it took just two or three days to get rid of a cold, but now it takes seven to ten days. I have to admit that I'm now less healthy than before [I'm not as strong / healthy as I was before].

EXERCISE

次の日本文に関して以下の (1), (2) の設問に答えなさい。

> ①私は70歳になりました。②最近は体力の衰えをものすごく感じるようになりました。③ちょっと歩くのにもまるで足に鉛がくっついているようで、すぐ疲れるようになってきました。④若い頃は死について考えることはほとんどありませんでしたが、最近は自分の死についてあれこれ深く考えるようになりました。⑤人間、誰でも死は免れませんが、死に方が問題です。⑥とにかく長く寝たきりのあとで死ぬ、というようなことにはなりたくありません。⑦そうなるとまわりにいろいろ迷惑がかかるようになるからです。やはりポックリ死ぬのが一番だと思うようになりました。

(1) 「なる」をなるべく減らす形で全文を書き換えなさい。
(2) その上で、全文を英語に直しなさい。

MODEL ANSWERS

(1)

修正文

> ①私は70歳です。②最近は体力の衰えをものすごく感じます。③ちょっと歩くのにもまるで足に鉛がくっついているようで、すぐ疲れます。④若い頃は死について考えることはほとんどありませんでしたが、最近は自分の死についてあれこれ深く考えます。⑤どう死ぬかは大

きな問題です。⑥とにかく長く寝たきりのあとでの死はいやです。⑦そうなるとまわりにいろいろ迷惑がかかるからです。やはりポックリ死ぬのが一番だと思います。

(2)

1 I'm seventy. These days I feel my physical strength is sharply declining. When I walk a short distance, I get awfully tired — I feel as if my legs [are] were dragging lead. When I was young I hardly thought about death, but recently I've been thinking deeply about my own death. The problem is how to die. What I would hate is dying after staying in bed for years. If you are bed-ridden for a long time, people around you will suffer a lot. A sudden death would be preferable.

2 I'm seventy. These days I find myself getting weaker and weaker. Even a short walk makes me feel exhausted — I feel as if my legs are [were] made of lead. When I was young, I thought little about death, but recently I've been pondering my own death. The problem is the way one dies. Dying after being confined to bed for ages is the last thing I'd want. Staying in bed for a long time will inconvenience people around you. I would prefer a sudden death.

索　引

術語索引

あ　行

挨拶言葉　146
一貫性（coherence）　27, 28, 31, 35
因果関係　125, 175, 209
因果関係明示型の接続詞　120
内向きの（inward-looking）表現　91
英語的視点　22, 46, 84, 90, 114, 136, 181
英語的発想　123
英語の時制（tense）　29
英語の否定詞の位置　32
英語文化　146
英語文化的発想　127
オノマトペ　183, 184

か　行

会話体　186
可算名詞　39, 108, 129, 179, 211
数（number）　14, 39, 55, 129
仮想的立場　91, 92
仮定法　138
かみ合わない議論　46
仮主語　157, 211
仮主語の構文　117
関係詞　7, 74
関係詞 what　129
関係詞構造　193
関係詞節　30, 64, 149
関係詞の制限・非制限用法　64
関係節構造　167
間接指示　191
間接指示性　191
間接指示表現　195, 198
間接的表現　166
間接表示　192
帰結節　33

擬似強調構文　129
擬人的　178
擬声語・擬音語　183
共通関係　57, 142
共通目的語　158
共通理解項目　165, 166, 174
議論の生産性　11, 14
具体的な評価表現　106
結論（conclusion）　2, 11, 81
言語依存度　165
謙遜　89, 123, 127
限定形容詞＋名詞　158
限定語句の並列　94
後位分詞　194
肯定文　33
語順（word order）　39
言葉の意味のあいまいさ　71
言葉の経済性（economy of speech）　55
コンマ　111

さ　行

最重要要素　81
最上級　86
最上級表現　160
作用の主体　178
自己主張の否定　90
自己卑下　123, 124, 127
自己否定的な言辞　93
自己矛盾　127
指示代名詞の用法　3
事実的（factual）　98
視点（point of view）　152
修飾語　107
修飾語句　12, 166
従属接続詞 for　186
主語・述語の構造　118

217

主体・客体表示　181
受動態　85, 86, 157, 186, 188
状況(文脈)依存度　165, 166, 171, 174, 175
条件節　33
条件節＋主節　188
冗語(tautology)　10
冗語的(tautological)　14
冗語的構造　11
冗語の要素　138
冗長さ(redundancy)　55, 73, 82, 114, 115, 121
省略　200
省略構文　175
助動詞 had better　167
制限用法　64
正当性、価値等の否定　89
生物主語　43
接続詞 because　101
接続詞 but　111
接続詞 so　33
接続詞 that　170
節展開　158, 170, 180
説得力　2, 11, 62, 63, 156
説明不足　62
セミコロン　68, 111
ゼロ主語　160
前提(premise)　2, 11
総論賛成、各論反対　18, 22

た 行

態(voice)　85, 185
対人関係的配慮　89, 90, 114, 123
対人関係への配慮　18
代名詞 they　40
代名詞化　200
代名詞の多用　67
断定型表現　156
短絡的表現　76
抽象名詞　179, 180
超論理性　173
直截的な表現　115
直接指示　192

直接指示性　191, 192
直接指示表現　195
直説法　138
定冠詞　157
定冠詞 the　117
定義のしぼり込み　72
程度を表す(gradable)形容詞　117
等位接続詞 and　161
等位接続詞 so　161
同一語句のくり返し[反復]　42, 64, 67, 77, 199, 200
同一表現のくり返し[反復]　6, 20, 67, 201
同格構造　119, 170, 179, 180
同格節　180
同格節構造　139
同義語使用　200
同語反復　67, 138
動作主　86, 186, 188
動名詞　82, 101
動名詞主語　117
動名詞主語の構文　55, 92
時の参照点(reference time)　138

な 行

内語的語彙選択　175
内的言語活動　174
二項相補関係(binary relation)　38, 41
日本語的あいまいさ　209
日本語的定型性　144
日本語のあいまいさ　165
日本語の内語性　174, 175
日本語の非論理性　175
日本語文化　146
日本人の定型好み　134
人称主語　151, 178
人称主語構文　33, 152
能動態　85, 157

は 行

発話動詞　119
パラグラフ　188
比較級　170
比較級構文　160

非可算名詞　6, 39, 108, 129, 179, 211
非事実的（non-factual）　98
被修飾語　107
被修飾語句　12
非制限用法　64
否定文　33
非人称主語　178
評価表現　112
表現効率　10, 20, 74
表現の短絡　178
ピリオド　68, 111, 288
非論理的　173
非論理的な二者択一　37, 44
副詞句　76, 177
不定冠詞　157
不定冠詞 a［an］　117
不特定人称（単数）　193
文化的観点　124
分詞　120
分詞構文　116, 117, 206
文修飾副詞　158
文の照応関係　3
文脈（context）　98, 99

ま　行

まわりくどい表現　114
無生物主語構文　3, 4, 20, 21, 33, 65, 82, 188
名詞句構造　101
名詞句の並列　100
名詞中心構造　158
名詞中心構文　180
目的を表す to 不定詞　161
紋切り型のスピーチ　134, 141

や・ら・わ　行

横並び意識　136
予測可能性（predictability）　135

類型表示　192
論証（reasoning）　2
論点の矛盾　18, 19, 22, 25
論理的一貫性　18
論理的必然性　2
論理的矛盾　95
論理の循環　11
論理の飛躍　1, 8, 11
話題の突然の変換　31

A～Z

As + 名詞句　40
because of + 名詞句　76
Because X, Y　23
because 節　23
Compared with X, S + P　103
how + 形容詞・副詞 + S + P　108, 116
how の次の構造　117
It is said that S + P　157
It is said that X is Y　211
S + O + V 型の言語　147
Such + （不定冠詞 +）名詞　15
that S + P　158
that 節　13, 20, 74, 92, 157
that 節展開　180
The fact that S + P　139
the way S + P　65, 129
there 構文　43, 167
way の用法　64
X instead of Y　49
X is said that S + P　158
X (it) is said to be Y　211
X is that S + P　92
X lies in + 名詞句　92
X say that S + P　157
X without Y　49
Y, because X　23

英作文のための資料索引

あ行

愛の絆　124
悪文家　207
悪化する　26
アナログ情報　179
アフガン難民　9
アメリカの軍事力　75
アンケート　148
安全と繁栄　169
意外に　87
息が切れる　190
イギリス人とその文化　63
生け花　141
一流のシェフ　201
行ったり来たりする　142
一般庶民　11
意味論　128
'癒し'の道具　193
医療技術　110
インターネット　2
インフラ整備　60
受けがいい　185
後ろ盾　75
宇宙飛行士　201
売り物　73
得るところが少ない　113
運動性能　102
映画館　66
英語オタク　128
英語学習　54, 94
英語学科　128
英語教師　48
英語国民　54, 128
英語専攻学科の学生　5
英語的発想　54
英語によるコミュニケーション　48
英語能力　54, 148
英語の特質　54
英語を書く作業　94

英語を読む作業　94
英作文力　94
英文法　128
エキスパート　145
江戸時代　78
遠隔通信技術　2
小川のせせらぎ　204
お客への心配り　85
オーケストラの指揮者　201
押し付けがましい　66
同じ気持ち　124
お祭り騒ぎ　121
親子運動会　22
親子のふれあい　22

か行

海外旅行　96
介護　110
外国人　63
外資系の会社　148
科学的態度　182
科学万能　182
核武装　25
過去の成功神話　119
過剰な文法意識　49
化石燃料　44
家族生活　91
家族の絆　91
カタルシス　193
課長　84
活字離れ　178
活躍する　107
家庭の手作り料理　91
カラオケ　154
体にいい　210
環境にやさしい　11
環境問題　11
感情に振りまわされない　182
乾杯　132
記憶力　82

気概　75
企業　11
企業人　119
喫煙席を設ける　19
厳しい事実　17
基本的価値観　66
脅威　102
禁煙にする　19
近隣諸国　26, 102
クイズ番組　195–96
国の財政状況　99
暮らしぶり　69
クリーンエネルギー　44
車を大事に扱う　159
軍事行動　9
軍事的脅威　42
軍事力　41
経済成長　41
経済大国　60
軽自動車　156
携帯(電話)　193
下水道　60
研究発表　132
健康食品　115
健康で長生きする　116
健康ドリンク　115
健康のために　190
原子力潜水艦　102
建設的　124
公共の乗り物　19
後進性　60
合理主義　182
高齢化　14
国際化　78
国際化する　96
国際共通語　54
国際秩序　39
国情　69
国内世論　25
国民健康保険　63
心の温かさ　137
心の充足をはかる　176
コーディネーター　154

子供の教育費　32
子供の養育費　14
コミュニケーション能力　2
娯楽ロボット　73
コンピュータ演習室　5
コンプレックス　107

さ　行

再活性化　119
最優先する　54
鎖国　78
茶道　141
さらに掘り下げる　128
残業　213
CD-ROM 教材　5
自国人　63
自信　107, 156
自然とふれあう　204
しつけ　166
実践　132
実用化する　44
自動車メーカー　156
指標　96
脂肪　35
自滅する　26
視野が広がる　63
視野を広げる　113
収益　19
就職が決まる　148
主義信条　39
塾　22
主導的な役割　39
趣味　28
情　162
小国　169
上司　85
少子化　14
象徴　137
消費　44
消費税　99
情報化社会　193
情報の映像化　179
情報の遠隔配信　179

221

食品衛生レベル　110
素人ばなれした　28
進化する　73
新規採用　145
深刻化する　44
身体能力　107
人的交流　78
神秘　182
シンポジウム　154
スケールが大きい　66
ストレス発散　154
すばらしい思い出　137
住まい　176
生活水準　69
生活必需品　100
政権の座　69
精神的満足　176
世界の平和秩序維持　9
先進国　60
戦争に巻き込まれる　75
それなりに　204

た　行

大学時代　145
大企業　119
対照研究　128
対処する　42
体調が崩れる　213
台頭　41
第2次大戦　17
体力　190
体力の衰え　215
地域イベント　22
違ったものの見方　113
力と正義　66
地球温暖化　44
調査　5
調査結果　5
長寿国家　110
超大国　169
通常型潜水艦　102
梅雨のシーズン　151
低公害　156

低燃費　156
手書きする　82
出来合いご飯　91
デジタル情報　179
テレビゲーム　196
テロ　39
テロ撲滅　39
テロリスト　39
添加物　36
伝統芸術　141
同僚　185
道路の狭さ　60
TOEICの得点　5
どぎまぎする　171
独身　32
土地の人達　87, 113
共働き　22

な　行

何事にも積極的　145
二酸化炭素　44
日英友好　142
日課　210
日本経済　156
日本経済再生　156
日本社会　14
日本的な価値観　113
日本の国益　102
日本文化の真髄　141
ニュースキャスター　69
寝たきりの高齢者　110
年金カット　104
年金生活者　105

は　行

排他的な　78
発達　2
バツの悪い思い　172
はまる　210
バランス感覚に富んだ　132
ハリウッド製の映画　66
非合理　182
久しぶりに　151

ヒットする　121
人当たりがいい　185
人並みの生活　60
ひと昔前　107
肥満　36
ファーストフード　35
部下　84
部活　22
普及　2
普及率　60
ふだんの暮らし　204
ブーム　73
武力を行使する　69
古いタイプの人間　193
ふれあい　87
プロパガンダ　66
プロ野球の選手　201
粉骨砕身の努力　28
文章　187
文筆家　207
文法にこだわる　48
文法の細かいところ　48
平和を享受する　75
崩壊する　14
ホカ弁　91
保存料　36
ポックリ死ぬ　216
本格的な夏　151
本質的に　17

本来　36

ま 行

前向き　124
マスターコース　128
味噌汁　137
身近な事柄　11
見果てぬ夢　201
メモ帳　82
もののとらえ方　128
盛り上がる　121

や 行

山道　204
勇気　107, 137
友好関係　42
豊かな趣味の世界　28
夢にこだわる　201
要素　49

ら・わ 行

理　162
理屈　162
理論　132
老人ボケ　82
労働生産性　14
論理性を重視する　54
ワープロ　82
割りに合わない　32

著者紹介
富岡龍明（とみおか・たつあき）
1952 年福岡生まれ。エディンバラ大学応用言語学科大学院博士課程修了。現在鹿児島大学教授。専攻は英語文体論。著書に、『英誤を診る』（共著、河合出版）、『英作文実践講義』、『英作文へのニューアプローチ』（いずれも研究社）、『モデル英文からのライティング』（金星堂）などがある。

論理思考を鍛える英文ライティング

2003 年 10 月 30 日　初版発行　　2014 年 2 月 21 日　6 刷発行

著　者	富岡龍明
発行者	関戸雅男
印刷所	研究社印刷株式会社

KENKYUSHA
〈検印省略〉

発行所　株式会社　研究社
http://www.kenkyusha.co.jp

〒102-8152
東京都千代田区富士見 2-11-3
電話（編集）03 (3288) 7711 (代)
　　（営業）03 (3288) 7777 (代)
振替 00150-9-26710

表紙デザイン：小島良雄

ISBN 978-4-327-45169-1　C1082　　Printed in Japan